LE BOURBONNAIS

pendant les Cent-Jours

par

J. CORNILLON

MOULINS
IMPRIMERIE DU PROGRÈS DE L'ALLIER

1925

OUVRAGES DU MÊME AUTEUR

Contribution à l'histoire de l'aphasie ; Paris, impr. Victor Goupy, rue Garancière, n° 5 (1868).

De la folie des grandeurs ; Vichy, impr. Bougarel, 1874, in-8°, 103 pages.

Rapports du diabète avec l'arthritisme et de la dyspepsie avec les maladies constitutionnelles ; Paris, bureaux du Progrès Médical (1878).

Pierre-Jacques Forestier, procureur-syndic du district de Cusset, membre de la Convention Nationale ; 1re édition, Vichy, impr. Bougarel ; 2e édition, Imprimerie Nouvelle, Simon Fumoux (1894).

Le Bourbonnais sous la Révolution Française ; tome Ier, Vichy, impr. Bougarel ; tomes II, III, IV et V, Riom, impr. Ed. Girerd (1889, 1891, 1892, 1895).

Une page d'histoire du Bourbonnais sous la Restauration, l'insurrection de la faim ; Cusset, Imprimerie Nouvelle, Simon Fumoux (1895).

Clinique thermale de Vichy ; 1re édition (1891), Cusset, Imprimerie Nouvelle ; 2e édition Paris, O. Doin, éditeur, place de l'Odéon, 5 (1905).

Un enfant du Bourbonnais sous la Révolution française ; l'abbé Cl. Fauchet, évêque constitutionnel du Calvados, député à la Législative et à la Convention nationale ; Moulins, Librairie historique du Bourbonnais, L. Grégoire ([illegible]).

Histoire des Eaux minérales de Vichy (en collaboration avec M. Antonin Mallat) ; tome Ier, orné de 56 planches hors texte, Paris, Georges Steinheil, éditeur, rue Casimir-Delavigne ([illegible]).

Vente des biens nationaux dans l'Allier ; trois volumes, 1911, 1912, 1913, Moulins, L. Grégoire, éditeur, rue François-Péron, n° 2.

Un poète-soldat au commencement du XIXe siècle ; J.-B. Barjaud, de Montluçon ; L. Grégoire, éditeur ([illegible]).

Le Bourbonnais sous la seconde Restauration, la Terreur Blanche ; Moulins, Fernand Brodard, éditeur, rue d'Allier, n° 36 (1919).

L'enseignement à Moulins et à Montluçon à la fin du XVIIIe siècle et au commencement du XIXe siècle ; en vente chez les principaux libraires de l'Allier ([illegible]).

Le Bourbonnais à la fin de l'Empire et sous le gouvernement de la Défense nationale ; Moulins, impr. du Progrès de l'Allier ([illegible]).

Le typhus à Moulins de [illegible] à 1814 ; Bulletin des Amis de Montluçon ([illegible], [illegible], [illegible]).

Le Bourbonnais
pendant les Cent=Jours

LE BOURBONNAIS
pendant les Cent-Jours

par

J. CORNILLON

MOULINS
IMPRIMERIE DU PROGRÈS DE L'ALLIER
—
1925

AVANT-PROPOS

Cet ouvrage est le complément de mes publications antérieures, c'est une feuille qui leur manquait. J'ai cherché à combler ce vide et j'espère y être parvenu. Il est regrettable, pourtant, que les études partielles, auxquelles je me suis livré précédemment, n'aient pas été faites d'après un plan d'ensemble établi sur des règles précises. Ce défaut de méthode, est, assurément, une faute au point de vue historique, mais j'ai dû obéir à des exigences et des considérations de toute nature et utiliser au fur et à mesure de leur rencontre des documents ayant plus ou moins rapport aux diverses époques que j'ai passées en revue. Le hasard des découvertes de dossiers et de pièces détachées a été souvent mon unique guide et j'ai été amené de la sorte à envisager à la fois plusieurs sujets étrangers les uns aux autres et à les faire paraître sans observer l'ordre chronologique.

Mon but, depuis quarante ans, a été de faire connaître le Bourbonnais depuis 1789 jusqu'à 1870, pendant les périodes révolutionnaires qu'il a traversées et les orages qui ont éclaté sur lui. Le contre-coup des événements qui se produisirent dans son sein à la suite de l'insurrection qui eut lieu à Paris les 27, 28 et 29 juillet 1830, y fut si peu appréciable, que je n'ai pas cru devoir le mentionner, bien qu'il ait eu pour conséquence, un changement de dynastie et d'orientation politique.

En parcourant « le Bourbonnais pendant les Cent-Jours », le lecteur ne pourra s'empêcher de faire un rapprochement entre deux dates, le 18 brumaire an VIII et le 20 mars 1815, marquant l'une, le commencement, et, l'autre, la fin d'un empire qui avait changé la face de l'Europe.

L'exilé de l'île d'Elbe, Napoléon Ier, qui jeta au vent, ce jour-là, le personnage que les Alliés avaient placé aux Tuileries avant de quitter Paris, ressemble en tout point au général Bonaparte qui, le 18 brumaire an VIII, renversa le Directoire et le remplaça par le Consulat. Ce premier coup d'audace ne porta pas atteinte à la puissance militaire de la France et assura même sa prépondérance en Europe ; tandis que l'aventure du 20 mars 1815 fut suivie, trois mois après, du désastre de Waterloo qui peut être mis en parallèle avec celui de Pavie en 1525 et de Sedan en 1870.

CHAPITRE PREMIER

———

EMPIRE OU ROYAUTÉ

———

**La Lutte entre deux régimes. Le drapeau blanc
et le drapeau tricolore. — Le marquis de
Frondeville, préfet de l'Allier. — Emeute à
Moulins le 20 mars 1815.**

Le duel entre Napoléon Ier et Louis XVIII, au
printemps de 1815, n'a guère d'analogie en histoire contemporaine. Ce fut un événement sensa-
tionnel qui devait tôt ou tard se produire à un
moment imprévu, plutôt prochain que lointain.
La lutte entre deux hommes d'origine si diffé-
rente, représentant des aspirations si divergentes
et des systèmes politiques tout à fait opposés,
offrit un caractère particulier de violence qui rap-
pelle l'époque de la Révolution française à ses
débuts. Durant cent jours, ce ne fut partout en
France qu'inquiétudes, agitations ou troubles.
D'un côté, les partisans du régime de droit divin,
de l'autre ceux du césarisme revêtu du costume
de la monarchie constitutionnelle, en vinrent aux
mains et ne déposèrent les armes qu'après la victoire de l'adversaire sur lequel l'opinion générale
comptait le moins, et qu'on souhaitait le plus
dans certaines sphères de la société.

Au Moyen-Age, les populations du Midi de
l'Allemagne et du Nord de l'Italie s'entre-déchirè-
rent pendant plusieurs siècles. Les Gibelins vou-

laient l'institution du régime féodal, ainsi que les sujets de Louis XVIII, en 1815 ; tandis que les Guelfes se réclamaient de l'indépendance nationale, comme les partisans de Napoléon Iᵉʳ. Chaque camp avait son point de ralliement ; le clergé, la noblesse, la haute bourgeoisie étaient rangés autour du drapeau blanc, tandis que la classe moyenne et le peuple ne reconnaissaient que le drapeau tricolore qui représentait, à leurs yeux, la gloire militaire et la haine de l'Etranger. Les gens de la campagne, moins initiés que les habitants des villes aux secrets des problèmes ardus de la métaphysique, n'avaient pas vu sans inquiétude, qu'à leur retour en France, les Bourbons s'étaient empressés de rendre aux émigrés les maisons, les terres et les forêts qui n'avaient pas été aliénées pendant le cours de la Révolution et se demandaient si, un jour ou l'autre, ils ne réviseraient pas, à leur détriment, la vente des biens nationaux, et si on ne les déposséderait pas à leur tour. Ils savaient, par expérience, qu'avec le drapeau tricolore ils n'avaient rien à craindre pour leurs propriétés, tandis qu'avec le drapeau blanc comme emblème national, ils avaient tout à redouter.

Quand l'étoile impériale eut pâli après l'expédition de Moscou en 1812 et la retraite de l'armée française sur le Rhin en 1813, il se produisit un mécontentement général. On commença à douter de la victoire finale de nos armées revenant en désordre, et on envisagea avec effroi le hideux tableau de l'invasion du territoire. La liberté de la presse et le droit de réunion n'existant pas, l'opinion publique resta muette et les critiques se réfugièrent au sein des sociétés secrètes.

A la fin de janvier 1814, le maire de Moulins
Desroys recevait, avec étonnement, une lettre du
sénateur de Sémonville, commissaire extraordinaire de la 21ᵉ division militaire, dans laquelle
on lisait les phrases suivantes :

« Considérant que dans les circonstances actuelles, il importe à la tranquillité publique, que les
personnes les mieux intentionnées s'abstiennent
momentanément de toutes réunions qui porte-
raient un caractère de clandestinité ;

« Considérant que l'association dite des Francs-
Maçons, malgré l'antiquité de son origine et la
pureté de ses principes, ne doit pas réclamer une
exception ;

« Arrête que jusqu'à ce qu'il en soit autrement
ordonné, toutes les associations clandestines et
même celles connues sous la dénomination de
loges de Francs-Maçons sont défendues dans la
21ᵉ division militaire ».

Le maire de Moulins, Desroys, sachant que son
adjoint, Marly, était membre de la loge de l'Espé-
rance, il le chargea, le 3 février 1814, d'assurer
l'exécution de cette mesure par la courte et mali-
cieuse note suivante : « Ne sachant à qui faire parvenir l'arrêté pris le 28 du mois dernier par M. le
Sénateur, commissaire extraordinaire de la 21ᵉ division militaire, j'ai pensé que vous ne refuseriez
pas de l'adresser à qui de droit pour en faciliter
l'exécution. J'ai, en conséquence, l'honneur de
vous en transmettre ampliation ».

Pour contenir les malveillants et maintenir
l'ordre dans les chefs-lieux de département et les
villes importantes, Napoléon Iᵉʳ avait décrété le
17 décembre 1813, la formation de cohortes urbaines qui seraient recrutées dans les bataillons de

garde nationale. Le diligent préfet de l'Allier, Pougeard du Limbert, s'empressa d'exécuter le décret et nomma Burelle, conseiller de préfecture, le major Thinus et Desroys, maire de Moulins, pour constituer ces cohortes et en établir les cadres. Ils formèrent quatre compagnies d'effectif divers et le 12 juillet 1814 ils en nommèrent ainsi les officiers :

Commandant : Lenoir de Mirebeau, ancien capitaine de cavalerie, 59 ans :

Adjudants-majors : Jardillier, adjudant-major de la garde nationale actuelle, ancien lieutenant, 45 ans ;
Bujon Sylvain, deuxième adjudant, 34 ans :

Capitaines : Dumas, 38 ans, ancien officier de cavalerie retraité (Compagnie Ville) ;
Lomet de Lye, président du Collège électoral d'arrondissement (Compagnie Bourgogne) ;
Lamartine, capitaine retraité, légionnaire, 43 ans (Compagnie Carmes) ;
Bousingen, 59 ans, ancien officier (Compagnie Allier) ;

Lieutenants : Fabrice de Champvallier, ancien officier, 48 ans (Compagnie Ville) ;
Bodinat-Latrolière, ancien officier, 46 ans (Compagnie Bourgogne) ;
Chabot fils, 38 ans, ancien militaire (Compagnie Carmes) ;
Giraud des Pétillons, 41 ans, officier dans le 2e bataillon de l'Allier pendant la Révolution (Compagnie Allier) :

Sous-lieutenants : de Labrousse-Veyrazet, propriétaire, 27 ans (Compagnie Ville) ;

Lucas, 41 ans, propriétaire, membre du Conseil d'arrondissement (Compagnie Bourgogne) ;

Place, imprimeur, 45 ans, ancien officier (Compagnie Carmes) ;

Pinturel, 29 ans, militaire blessé (Compagnie Allier).

Trois jours après, le commandant Lenoir de Mirebeau, les capitaines Lomet de Lye, Bousingen, Lamartine, par procuration, le lieutenant Fabrice de Champvallier, à la place du capitaine Jardillier, procédaient au choix des cadres inférieurs et soumettaient à la signature du Préfet, les nominations suivantes :

QUARTIER VILLE : Gouat-Dubourg, sergent-major ; Desmorillon, sergent instructeur ; De la Roche-Lanizière, sergent ; Laurent, ex-caporal de la Compagnie de réserve, caporal instructeur ; de Champflour, caporal ; Beraud des Rondards, *idem* ; de Comeau, *idem*.

QUARTIER BOURGOGNE : Charbon de Valtange, sergent-major ; Durand de Patry, sergent instructeur : Legros, *idem* ; Ponthenier, caporal instructeur ; Burelle fils, *idem* ; de Saint-Georges, *idem* ; Renaud de Fréminville, *idem*.

QUARTIER DES CARMES : De Chabre, sergent-major ; Deffontis Gilbert, sergent instructeur ; Descamps, sergent ; Decluny, caporal instructeur ; Place, avoué, *idem* ; Lelièvre, *idem* ; Droiteau-Esminjaud, *idem*.

QUARTIER ALLIER : Michel, banquier, sergent-major ; Lacroix, sergent instructeur ; Juge Saint-Martin, sergent ; Boiron Vincent, caporal instructeur ; Tourret, *idem* ; Bougarel fils, *idem* ; Conny Félix, *idem*.

Louis XVIII eut nommé lui-même les cadres des cohortes urbaines de Moulins, qu'il n'eut pas choisi des royalistes plus irréductibles. Le commandant, la moitié des capitaines, les trois-quarts des lieutenants et sous-lieutenants et tous les sergents-majors des quatre compagnies appartenaient au corps de la noblesse ou bien sortaient des rangs de la haute bourgeoisie. Plusieurs d'entre eux avaient émigré sous la Révolution et avaient fait, contre la France, leurs premières armes dans les armées étrangères. Le comité d'organisation et le préfet de l'Allier Pougeard du Limbert eussent-ils voulu installer à Moulins, un dépôt de royalistes militants, ils n'auraient pas mieux opéré.

La compagnie d'artillerie de la garde nationale, dont la formation avait été prévue et ordonnée par le décret impérial du 17 décembre 1813, était composée d'éléments plus patriotes et moins aristocratiques, si j'en juge par l'état nominatif des officiers, sous-officiers et tambours inscrits au contrôle le 31 janvier 1814 :

Capitaine : François de Tarade de Marthemont, chevalier de l'Ordre royal et militaire de Saint-Louis ;

Lieutenant en premier : Loiseau de Lavesvre ;

Sergent-major : Tallard Louis, 28 ans ;

Sergents : Dutremblay Jacques, 30 ans ; Droiteau Jean-Baptiste ;

Caporaux : Gaume Jean-Baptiste, 45 ans ; Cotin Etienne, 46 ans ; Fossard Charles, 38 ans ; Sallard François ;

Tambours : Vézille Pierre et Lébaupin.

Canonniers : Cinquante.

Cette compagnie d'artillerie eut une existence fort éphémère. Par suite du manque de chevaux, d'attelages et de harnachements, les autorités militaires et civiles s'aperçurent bientôt que la mise en activité de cette batterie serait très dispendieuse, d'une utilité contestable et ils en prononcèrent la dissolution deux mois après sa formation. Le 13 avril 1814, le préfet de l'Allier Pougeard du Limbert, le maire de Moulins Desroys et le commandant de la subdivision militaire, le général Viallanes, arrêtèrent d'un commun accord que « les citoyens de la ville qui formaient la ci-devant Compagnie d'artillerie seraient incorporés dans la cohorte urbaine et répartis entre les quatre compagnies suivant les convenances indiquées par leurs habitations et que les officiers conconserveraient leurs grades à la suite et seraient appelés aux emplois correspondants qui pourraient vaquer ». Tel était l'état des choses en Bourbonnais au moment du départ de l'Empereur pour l'île d'Elbe.

La nouvelle de son retour et de son débarquement au golfe de Juan, le 1ᵉʳ mars 1815, devint officielle le 5, à Paris, et produisit sur les courtisans et les valets des Tuileries, l'effet d'un violent coup de tonnerre sur un troupeau de brebis surpris par l'orage. Chacun s'enfuit avec effroi, se cacha en tremblotant et se demanda anxieusement ce qui allait survenir dans une situation semblable. Emigrerait-on une seconde fois ou bien résisterait-on à l'envahisseur les armes à la main ? La nuit porta conseil. Les princes, les généraux, les membres influents du parlement, les hauts fonctionnaires s'étant prononcés pour la lutte, on se mit sans tarder à organiser la défense à Paris

et dans les départements. L'armée n'étant pas
sûre, ce fut aux Préfets, qu'incomba la mission
de préparer la résistance, avec des éléments tirés
de la Société civile.

Le 13 mars, d'André, directeur général de la
police du Royaume, écrivait aux Préfets :

« Ma circulaire du 25 février dernier vous avait
d'avance indiqué la marche que vous avez à suivre en matière de police ; elle vous mettait en
garde contre la crainte exagérée de trouver dans
la Charte, des obstacles qu'elle ne présente pas,
toutes les fois que les grands intérêts de l'Etat
ou de graves périls vous font une loi d'agir avec
force et avec vigueur.

« Le moment est arrivé où tout ce qui tend à
échauffer l'esprit national et à l'armer contre une
invasion contraire aux droits les plus sacrés du
trône, aux plus chers intérêts de la France, à son
bonheur et à son repos, entre dans vos devoirs,
appelle toutes vos méditations ainsi que tous les
moyens dont vous pouvez disposer.

« C'est dans la garde nationale surtout que
vous devez chercher ces moyens. Elle est le point
de réunion de tous ceux qui aiment le Roi, qui
aiment la patrie, qui veulent éviter la guerre
civile, la guerre étrangère, horrible cortège de
l'homme qui, après tant de calamités versées
parmi nous, prétend conquérir et ravager nos
provinces, comme il a tant de fois désolé diverses
contrées de l'Europe.

« Le gouvernement militaire et ses déplorables
conséquences d'un côté, la Charte et la douceur
du Gouvernement des Bourbons de l'autre, voilà

l'alternative qui nous est offerte. Qui pourrait balancer ? »

Royaliste fougueux et autoritaire, le marquis de Frondeville ne balança pas.

Il était prêt à exécuter tous les ordres qu'il recevait de son gouvernement et disposé à employer tous les moyens pour seconder ses vues sans se soucier de la Charte constitutionnelle. Les sous-préfets des quatre arrondissements étaient dans l'ensemble dévoués comme lui à la cause royale, mais à des degrés divers. Celui de Lapalisse, Félix de Conny, impétueux et plein de morgue ; Suleau, à Gannat, entreprenant et actif ; Depons, à Moulins, hésitant, irrésolu, mais ne manquant pas d'entregent ; Amelot, à Montluçon, atteint d'une maladie grave pour laquelle il devait partir incessamment pour Paris afin de consulter les lumières du corps médical de la capitale, constituaient avec le marquis de Frondeville à la tête, le personnel administratif qui était appelé à s'opposer à la marche « de l'envahisseur », de « l'ennemi commun du repos de la France et de l'Europe », de Napoléon Ier. C'était de la présomption.

Le préfet de l'Allier se mit résolument à l'œuvre et dépassa même les ordres qu'il avait reçus de son gouvernement, tant était grand son empressement à répondre aux exigences de la situation. Le 14 mars, il fit décacheter toutes les lettres et tous les paquets qui arrivaient aux bureaux de poste des villes, petites ou grosses, de son département, saisir tous les décrets et proclamations que l'Empereur expédiait en province et surveiller ceux à qui ils étaient adressés. Afin de mettre de la méthode dans l'exécution de cette mesure tyran-

nique, il prit ce jour-là un arrêté que nous trans-
crivons in extenso :

« Ayant la certitude que des paquets contenant
des proclamations et des écrits, dont le but est de
provoquer les troupes de Sa Majesté à la désertion et les citoyens à la rébellion contre leur roi
légitime, parviennent dans les villes par les
bureaux de poste;

« Considérant que le danger de la circonstance
présente, met les magistrats, chargés par le Roi du
soin de préserver leurs administrés du fléau de la
guerre civile que l'ennemi commun cherche à
exciter dans les départements, dans la nécessité
de s'assurer si les paquets et les lettres qui arrivent par la poste ne contiennent rien de contraire
au Roi et à son gouvernement :

« Considérant que pour l'exécution de cette
mesure, il convient d'instituer des Commissions
composées des personnes les plus notables des
villes et jouissant de la considération, de la confiance, de l'estime publique,

« Arrête ce qui suit :

« M. le comte Desroys, maire, Gonthier, procureur du Roi près la Cour d'assises du département, Collot, membre du Conseil de cette préfecture, Coste, De la Brousse et Beraud, membres du
Conseil municipal, sont nommés pour la ville de
Moulins membres de la Commission dont il est
parlé ci-dessus.

« Ces Messieurs se concerteront pour que trois
d'entre eux soient constamment présents à chaque
arrivée et à chaque départ des courriers ; ils se
feront représenter par M. le Directeur tous les
paquets et toutes les lettres qu'il aurait reçus,

soit des courriers, soit des particuliers. Ils retiendront ceux ou celles qui leur paraîtront contenir des écrits prohibés ; il les ouvriront dans une assemblée de tous les membres, en présence du Directeur et du Contrôleur du bureau. Ils refermeront ceux qui seront reconnus n'avoir rien de contraire au gouvernement. Les écrits prohibés seront portés au préfet et dans les autres arrondissements au sous-préfet » (1).

Le même jour et probablement avec la même plume et la même encre, le marquis de Frondeville écrivit au maire de Moulins, le comte Desroys cette courte note : « J'ai l'honneur de vous adresser l'arrêté par lequel j'ai établi une Commission pour l'examen des paquets et des lettres qui arrivent au bureau de poste de cette ville, afin d'empêcher la distribution des proclamations et décrets contre le Gouvernement. Je vous en ai nommé membre, bien persuadé que dans la circonstance présente vous vous feriez un devoir de concourir à l'exécution de cette mesure ».

De Frondeville ne se trompait pas. Desroys accepta cette répugnante mission et aucun de ses collègues ne la refusa.

Le bouillant préfet de l'Allier s'employa dès le lendemain à mettre à exécution le programme de résistance qui avait été préparé par le gouvernement de Louis XVIII : formation de corps de volontaires dévoués à la royauté et réorganisation de la garde nationale. Trois arrondissements sur

____

(1) Arch. dép. Bureau du Secrétariat, K 226, fol. 36, numéro 164.

quatre que comptait le département devancèrent l'appel du trône. Ce furent ceux de Moulins, Lapalisse et Gannat. Dès la première heure une compagnie de fusiliers, forte de cinquante ou soixante hommes, tous ou presque tous habillés et équipés à leurs frais, venait s'installer aux abords de la préfecture pour la protéger. Le 15 mars, de Frondeville en désignait les officiers par l'arrêté suivant :

« Vu l'article 3 de l'ordonnance du Roi, sous la date du 10 courant, qui autorise l'organisation des compagnies, cohortes, et légions de volontaires destinées à être employées activement ;

« Vu le contrôle de la Compagnie de volontaires organisée à pied, qui s'est formée dans la ville de Moulins et l'état de propositions pour la nomination des officiers attachés à cette compagnie, lequel état de proposition est approuvé par le maréchal de camp, inspecteur des gardes nationales ;

« Arrête :

« M. le comte d'Estrées est nommé capitaine de la compagnie des volontaires royaux de Moulins, M. Linotte fils, lieutenant et M. Pinturel, sous-lieutenant ».

Le 16, le marquis de Frondeville complétait l'organisation de cette Compagnie de fusiliers à pied et formait une cohorte de volontaires à cheval de la force d'un demi-escadron. C'est ce qui ressort de l'arrêté qu'il prit ce jour-là et que nous reproduisons ci-dessous :

« Vu l'ordonnance du Roi en date du 9 de ce mois, qui autorise la formation des compagnies, cohortes et légions de volontaires royaux pour être employés à la défense de la patrie ;

« Vu les demandes qui nous ont été faites par plusieurs citoyens dont le dévouement au Roi nous est connu, à l'effet de s'organiser en compagnies de volontaires royaux tant à pied qu'à cheval ;

« Considérant qu'il importe d'utiliser le zèle que ces fidèles serviteurs de Sa Majesté témoignent pour son service et après s'être fait rendre compte du nombre des volontaires inscrits ;

« Arrête :

« 1° Il sera formé à Moulins une compagnie de volontaires royaux à cheval, et autant de compagnies à pied, que le nombre des hommes dévoués qui sont inscrits et se feront inscrire, le comportera.

« 2° La compagnie à cheval sera composée d'un capitaine, d'un lieutenant, d'un sous-lieutenant, d'un maréchal des logis-chef, faisant fonction de quartier-maître, de quatre maréchaux des logis, huit brigadiers et cinquante cavaliers.

« 3° Les compagnies à pied seront composées d'un capitaine, d'un lieutenant, d'un sous-lieutenant, d'un sergent-major, de quatre sergents, de huit caporaux, de deux tambours et de soixante volontaires ».

Le 17, de Frondeville répara les oublis qu'il avait commis la veille et arrêta que les hommes en surnombre de la compagnie de la garde nationale à cheval de l'arrondissement de Moulins seraient incorporés dans celle des volontaires royaux de la ville, de façon à ne faire qu'une seule et même unité. Et il nomma le comte de Gaulmin de la Goutte, capitaine commandant des volontaires royaux à cheval, Delescluze, lieutenant, Pavy et Méplain, maréchaux des logis.

Dans l'arrondissement de Lapalisse, l'enthousiasme pour la défense de la cause royale se montra assez tiède. Sauf, dans le canton du Donjon et les communes limitrophes, les enrôlements furent rares. Le sous-préfet Félix de Conny, qui se flattait d'arrêter la marche triomphale de Napoléon Ier rien qu'avec le concours de la garde nationale du chef-lieu de son ressort administratif, ne put obtenir qu'avec beaucoup de peine l'inscription de vingt-quatre individus sur la liste des volontaires. En voici les noms : Hippolyte Méplain, Ravenier, Jacquet, Finance, Méplain aîné, Godard, Toussaint Galland, Deguet, Picard du Chambon, de Berthet fils, Charles Marnier, Bournat, Méplain, avoué, Hubert Morgat, Claude Crouzier, de la Vernette père et fils, Merle, Meilheurat des Virots, de Chargère père et fils, les trois fils Crouzier et Quatresols du Donjon. Nous ignorons la composition des cadres de cette petite troupe, nous ne savons même pas si elle en possédait et quel en était le chef.

A Gannat, l'élan fut plus impétueux qu'à Lapalisse, parmi la classe dirigeante de la population de ce petit arrondissement. On n'attendit même pas les instructions des ministres et du préfet de l'Allier pour se concerter et se mettre en mouvement. Le 10 mars, un demi-escadron à cheval de volontaires était constitué sous le commandement d'un vieux lieutenant-général qui avait fait ses preuves en Italie dans les armées de la République. Une correspondance des plus suggestives s'établit à ce sujet entre de Frondeville et le sous-préfet de l'arrondissement de Gannat, Elisé Suleau, tout fier de ses titres de membre de la légion d'honneur et de chevalier de l'ordre de

Sainte-Anne de Russie, que la complaisance des souverains lui avait décernés. Ce fonctionnaire subalterne déploya un zèle délirant qui obscurcissait sa raison et lui faisait voir doubles les objets placés à sa portée. Il prenait les promesses pour des actes prêts à être accomplis et les gestes pour des démonstrations pleines de sincérité.

Cette correspondance officielle se compose de plusieurs pièces où les faits exposés parlent d'eux-mêmes, mieux qu'on saurait le faire. Aussi, nous allons les transcrire in-extenso. Le 10 mars, Suleau écrivait au préfet :

« Les papiers publics, le bulletin des lois et vos instructions particulières m'ayant confirmé aujourd'hui les renseignements que vous m'avez fait parvenir hier, touchant la criminelle apparition du nommé Buonaparte, j'ai cru devoir prendre de suite toutes les mesures nécessaires pour le maintien de l'ordre et la bonne direction de l'esprit public.

« En annonçant aux maires que toutes les mesures étaient prises, que tous les ordres étaient donnés pour exterminer à son premier pas sur le territoire français, l'ennemi commun de la Nation, je leur ai fait passer une copie de l'ordonnance du Roi, concernant les mesures de sûreté générale, en leur enjoignant d'en donner hautement lecture au son du tambour en tout lieu et places publiques et d'en faire tirer plusieurs copies, pour qu'elles soient placardées et affichées, partout où il sera nécessaire.

« Dans toutes les communes où se trouvent des gardes nationales organisées sur l'ancien pied, j'ai engagé les maires à se concerter avec les commandants pour me faire passer sans le moindre retard par un « piéton » ou par le garde champêtre de la commune, une liste de sujets choisis avec intelligence pour remplir ce qui pourrait manquer dans les cadres en officiers, sous-officiers et soldats.

« Je recommande aussi aux maires de s'entendre avec les commandants de la garde nationale, pour toutes les mesures intéressant le bon ordre et la tranquillité publique et de faire faire de fréquentes patrouilles à l'extérieur dans les communes rurales, d'enjoindre surtout à la garde nationale de saisir et d'amener devant eux, tout individu suspect qui ne serait pas porteur d'un passeport en forme, qui pourrait tendre à éviter les grands chemins.

« Quant aux malveillants et aux agitateurs qui chercheraient par des propos, fausses nouvelles ou signe quelconque de ralliement à répandre le trouble dans les communes, j'ai recommandé à ces Maires de les faire arrêter de suite pour être jugés et punis selon la rigueur des lois.

« J'ai prescrit aux maires de Saint-Pourçain et de Gannat, d'établir deux corps de garde de jour et de nuit aux deux extrémités de la ville et de placer des factionnaires près les pièces de canon de la recette particulière et de l'hôtel de la mairie.

« Je mande aux maires de Jenzat, le Mayet et Saulzet d'une part ; de Broût et du Vernet d'autre part, de s'entendre mutuellement pour établir un corps de garde permanent au Mayet et au Vernet, qui devra visiter tous les passeports des voyageurs et conduire à la mairie tout individu suspect ou coupable de propos dangereux.

« Pour les communes où il n'y avait pas précédemment de garde nationale en activité, j'ai recommandé aux maires d'organiser pour le service tous les hommes qui se trouvent inscrits au premier chapitre du contrôle de la garde nationale.

« J'ai vu aussi l'officier de gendarmerie et l'ai engagé à faire visiter fréquemment et avec prudence par ses gendarmes, les cabarets, cafés, auberges, postes aux chevaux et autres lieux publics, où avec de l'adresse et le secours d'un déguisement, ils peuvent recueillir les mauvais bruits et démasquer quelques agents ou individus dangereux ».

Dans le même paquet, expédié par Suleau au préfet de l'Allier, se trouvaient en outre les deux pièces suivantes :

« Quand la première nouvelle du débarquement du traître et rebelle Napoléon Bonaparte, me fut apportée par M. de Champflour, je songeai de suite à prendre toutes les mesures susceptibles de donner à l'esprit public une bonne direction, mais le dévouement au Roi et la haine qu'inspire ce personnage, ont volé au devant de toutes les mesures que j'ai jugées nécessaires.

« L'appel que j'ai fait de suite dans mon arrondissement de tous les citoyens propres à former un corps de garde à cheval a enflammé rapidement l'ardeur et le zèle de tous les français qui professent en ce pays, l'amour du trône et de l'ordre public.

« Tous ceux qui se sont fait inscrire m'ont chargé de placer sous vos yeux l'adresse ci-jointe. A la tête des signatures, se trouve celle de

M. Sauret que j'ai l'honneur de proposer pour chef de cette garde à cheval. L'opinion bien prononcée, les vertus et la loyauté de cet ancien et estimable officier général, lui mériteront, en cette circonstance, la confiance générale. Veuillez approuver cette nomination.

« Je me suis empressé de faire voter par les Conseils municipaux des communes les plus considérables de l'arrondissement, des adresses de dévouement et de fidélité à notre roi bien aimé.

« J'ai passé en revue, ce matin, la garde nationale de Gannat qui a accueilli au cri mille fois répété de : Vive le Roi, la lecture que j'ai faite dans les rangs de votre proclamation et des dernières ordonnances de Sa Majesté ».

Sur une feuille séparée se trouvait la seconde pièce, d'une écriture et d'un style différents. En voici la transcription :

« Gannat, le 10 mars 1815,

« La garde à cheval de l'arrondissement de Gannat à M. le marquis de Frondeville, préfet de l'Allier :

« A la première nouvelle de la descente impie de l'ennemi commun sur le territoire français, un cri d'indignation s'est fait entendre dans cet arrondissement. Tous nos regards se sont tournés vers ce trône où viennent se concentrer toutes nos espérances et nos affections, vers ce trône trop longtemps souillé par l'usurpation et où s'est enfin assis pour notre bonheur présent et à venir, le meilleur et le plus adoré des rois.

« Non moins ardents, non moins dévoués que nos compatriotes et frères d'armes de l'arrondissement de Moulins, nos vœux ont prévenu votre sage prévoyance et se sont manifestés avant même que votre voix se soit fait entendre.

« Forts de notre amour, forts de l'autorisation du digne chef de notre département, nous allons nous organiser en escadron. Armes et chevaux, nous trouverons tout en peu de temps. Les ressources de l'amour et de l'enthousiasme ne se calculent pas et une cause sacrée trouve toujours de dignes soutiens. Partout où il faudra se montrer pour maintenir l'ordre et la tranquillité publique, nous nous y porterons et le Roi peut compter sur nous. Partout où nous pourrons accompagner et entourer de nos hommages les princes, illustres rejetons d'une famille chérie, nous y serons encore et puissent-ils nous compter au nombre de leurs plus braves et plus fidèles sujets ! Trop heureux si nous pouvions mériter la bienveillance du Roi et la haine de ses ennemis ; ce sera notre plus douce, comme notre plus glorieuse récompense et nous la trouverons dans le chemin de l'honneur, dont on ne s'écarte jamais, guidés par le panache blanc des descendants d'Henri IV.

« Signé : le baron Franconin Sauret, lieutenant-général des armées du Roi ; le marquis de Fontanges, chevalier de Saint-Louis ; le chevalier de Fauvre de Chazemais, chevalier de Saint-Louis ; Fouet ; de Beauvais, chef de bataillon ; Papon des Varennes, chevalier de Saint-Louis ; le chevalier de Bar, ancien officier ; Foucher du Chambon ; Rollat ; Meilheurat, docteur-médecin de la faculté de Montpellier ; Souiffe ; Durochier des Loges, contrôleur des impositions indirectes ; Barthélemy Mongond ; Gerzat fils ; Poncet ; Girard, propriétaire à

Cognat ; Kaindler, vétérinaire ; Monnet ; Brigtol
Polyphème ; Jean-Baptiste Desvaux ; Mauve ;
Bertoux ; Doliger ; le marquis de Longueil ;
Dablamour ; Ponthenier ; de Salvert ; Mancel ;
Jean-Baptiste Rabusson de Vaure ; Perraut fils ;
Meilheurat du Corps ; Dumouchet ; J. Rollat ;
de Bousingen, garde du corps ; Collas, capitaine
de cavalerie, chevalier de la légion d'honneur ».

Il ne manquait que la lance de Saint-Georges,
à tous ces preux dont plusieurs avaient figuré en
bonne place sur le livre d'or des Emigrés !

En même temps qu'il organisait les cohortes
de volontaires royaux et désignait les cadres de
celles de Moulins et de Gannat, le marquis de
Frondeville portait son attention sur la seconde
partie du programme ministériel. De concert avec
l'ancien émigré de Coiffier, maréchal de camp et
inspecteur de la garde nationale du département,
il procédait à l'organisation de cette armée
citoyenne de seconde ligne et en désignait les
officiers supérieurs et l'état-major. Le 15 mars, il
prenait à cet effet l'arrêté suivant :

« Vu la lettre en date du 14 de ce mois, par
laquelle le maréchal de camp, inspecteur des gardes nationales du département, autorisé à donner
des cadres provisoires aux gardes nationaux du
département, et à présenter des commandants et
officiers pour ces cadres, pour être installés sur
le champ, si les circonstances l'exigent ;

« Considérant que le nombre des citoyens inscrits au chapitre premier comme devant être
sujets au service de la garde nationale, comporte
l'établissement d'une légion composée de deux
bataillons comprenant chacun cinq compagnies

de fusiliers, dont il sera facile de tirer en temps utile, une compagnie de grenadiers, une compagnie de chasseurs et une compagnie de sapeurs-pompiers, non compris la compagnie d'artillerie existante ;

« Considérant que la cohorte de la ville de Moulins, dans son état d'organisation actuelle, ne peut suffire au service fatigant dont elle est chargée ;

« Considérant que le voisinage des départements soumis à la domination de l'ennemi de la patrie et du Roi fait vivement appréhender qu'elle ne s'étende à ce département et rend urgent l'emploi de tous les citoyens à qui les lois donnent le droit et imposent l'obligation de servir dans la garde nationale pour s'opposer à cette extension ;

« Vu l'urgence, arrête que la cohorte de la garde nationale de la ville de Moulins sera réorganisée. Les hommes qui la composent seront versés dans la légion que le maréchal de camp inspecteur des gardes nationales se propose d'établir en cinq compagnies.

« Les personnes dénommées ci-dessous rempliront provisoirement les emplois de commandants et d'officiers de cette légion :

« Tarbouriech Jean-Pierre, chef de légion ; de Bodinat François-Xavier, major de la légion ; Irland Frédéric, aide-major ; Dumas, aide-major ; De la Roche, chef de bataillon ; de Bousingen, chef de bataillon ; Jardillier, capitaine adjudant-major ; Boussac, capitaine adjudant-major ; Nollet, adjudant sous-officier ; Bonarme, adjudant sous-officier.

Capitaines

Lomet, Lamartine, Fabrice de Champvallier, Chabot Jean fils, Descamps, Girard Jean-Baptiste, de la Brousse, de la Trolière, Michel, Boulard.

Lieutenants

Favre, Lucas Aimé, Jémois-Ponet, Legros Charles, Renaud Nicolas, Tourret François, de la Chaise Jean-Antoine, Ossavy Germain, Torterat Jean-François, Place Claude, Bujon Sylvain, lieutenant porte-drapeau.

Soüs-lieutenants

Allard Georges, Boiron fils, Donjan, Bougarel François-Antoine, de Bodinat, Ducléroy, Valleton, Curée, de Boudemange, Claustrier, Piron Claude, Lageneste Aimé-Charles, Pitou Jean, de Balorre fils.

Le 17 mars, le marquis de Frondeville dissolvait la compagnie d'artillerie de la garde nationale sédentaire de la ville de Moulins et ordonnait que les hommes la composant fussent répartis dans les bataillons de la légion. Le chef d'escadron de la Trolière et le capitaine de Tarade étant devenus disponibles par suite de cette suppression, il les attacha à l'état-major de la garde nationale.

Le même jour, il désignait aux emplois de chefs de légion de la garde nationale pour l'arrondissement de Montluçon le baron Descamps de la Varenne et pour celui de Lapalisse le comte Henri de Monteynard.

Enfin, le 21 mars, il nommait Dutour de Bellenaves, chef de légion de la garde nationale de l'arrondissement de Gannat.

En moins de huit jours, le marquis de Frondeville avait accompli une grande partie de sa tâche,
mais il lui restait encore beaucoup à faire pour
maintenir le département dans l'ordre et l'empêcher de se prononcer en faveur de Napoléon Ier.
Après avoir choisi les officiers de tout grade de
la garde nationale de Moulins et désigné les chefs
de légions des arrondissements de Lapalisse, Gannat et Montluçon, il fallut songer à armer, équiper et habiller les hommes de troupe et les sous-
officiers, car un grand ombre d'entr'eux se trouvaient sans fortune. Or, de Frondeville n'avait
pas de fonds disponibles et il ne pouvait pas en
demander à l'emprunt dans l'état de trouble où
était le pays. Audacieux et peu soucieux de la
légalité, il n'hésita pas un seul instant devant cet
obstacle en apparence insurmontable. Il mit résolument la main sur les caisses publiques, sans
s'enquérir si cette mesure abusive pouvait avoir
des conséquences fâcheuses sur sa destinée future.
Le 18 mars, il nomma un conseil des finances de
la préfecture de l'Allier, composé de quatre membres : Dutour de Bellenaves, Loisel d'Etroussat,
conseiller général du département, Jaladon, receveur général, et Gombaut de Séréville. Le 19,
cette commission s'assembla à la préfecture pour
se constituer et examiner « l'état des ressources
actuelles du département et des recettes exis-
tantes, afin de s'en servir suivant les circonstances ». C'était vague et imprécis. Le 21, de
Frondeville prit un arrêté explicatif dont la
teneur suit :

« Considérant qu'il importe au bien du service
du roi, dans la circonstance présente, d'utiliser
les sommes versées dans les caisses de M. Jala-

don, receveur général de ce département, et de
M. Tourret des Granges, receveur provisoire de
la ville de Moulins, en dons volontaires faits dans
cet arrondissement pour l'équipement et l'armement des gardes nationaux enrôlés volontaire-
ment pour servir activement et qui ne sont pas
fortunés.

« Et pour régulariser l'emploi de ces fonds,
arrêtons ce qui suit : Il sera établi près de nous
une commission qui sera chargée du travail pré-
paratoire de l'emploi à faire pour l'objet de leur
destination des sommes existant dans les caisses.

« Cette commission sera composée de MM. de
Coiffier, maréchal de camp, inspecteur des gardes nationales de ce département, Gonthier, procureur du Roi, Lomet de Lys et Loiseau de Lavè-
vre, membres du Conseil général, et de Bodinat
François-Xavier, membre du conseil d'arrondissement de Moulins ».

Dès ce moment, de Frondeville était en mesure
d'agir, il avait de l'argent pour payer officiers,
sous-officiers et soldats de la garde nationale
mobilisée, mais il était bien tard pour empêcher
l'incendie de s'étendre. Napoléon I⁰ʳ était depuis
la veille aux Tuileries, Louis XVIII gagnait précipitamment la frontière du Nord, et le 26 il faisait lui-même ses préparatifs de départ pour aller
le rejoindre à Gand. Mais avant de quitter Moulins, il avait eu la satisfaction de voir que son
œuvre n'était pas illusoire et de se rendre compte
que l'arme qu'il avait forgée était d'une trempe
si fine qu'elle ne pourrait servir dans les mains
de l'Empereur. Une émeute avait éclaté, en effet,
le 20 mars. C'était d'un fâcheux augure. Le 1ᵉʳ
bataillon de la garde nationale mobilisée, caser-

née rue des Cameaux, était animé du plus mauvais esprit. Les hommes, indisciplinés dans l'ensemble, presque grossiers avec leurs chefs, se rendaient mollement aux exercices et prêtaient complaisamment l'oreille aux suggestions du dehors. Le soir, dans les cabarets, ils se livraient à des plaisanteries de mauvais aloi et se faisaient un mérite de résister aux ordres qu'ils recevaient. Quand ils surent qu'ils devaient se transporter à Lyon pour y maintenir la sécurité et prêter aide aux troupes de ligne contre les rebelles du Midi, leur exaspération ne connut plus de bornes. Ils coururent dans les auberges, s'attablant avec l'un et l'autre, buvant sans discrétion, criant et gesticulant hors de toute mesure.

L'ordre de départ était fixé au 20 mars. Les grenadiers du premier bataillon quittèrent la caserne des Cameaux dans la matinée et se rendirent sans ordre à la barrière de la rue de Lyon où ils devaient attendre la distribution des vivres qui leur étaient destinés. Une énorme population, venue de toutes parts et principalement des campagnes, les accompagnait à leur lieu de réunion, murmurant et criant : « il ne faut pas qu'ils partent ». Ces clameurs étaient répétées par les grenadiers eux-mêmes et sur un ton qui était peu propre à inspirer la confiance.

Quand le bataillon fut arrivé à la barrière de la rue de Lyon, les officiers ne purent parvenir qu'avec beaucoup de peine à faire mettre les hommes en rang, tant le bruit était violent. On les insulta et on les menaça même. Le commandant fit de vains efforts pour imposer silence aux mutins, car les murmures et les cris couvraient entièrement sa voix. On entendit même un des grenadiers lui répondre insolemment : « Non, nous ne ferons pas silence ». Le commandant s'approcha alors de cet agité et lui dit : « Est-ce toi qui viens troubler l'ordre et ne pas faire silence ? » Interloqué, le braillard s'excusa et assura que ce n'était pas lui qui avait parlé ainsi.

Tous ces grenadiers disaient hautement qu'ils n'avaient pas reçu de prêt depuis le mois de février, qu'ils étaient sans pain, et qu'ils ne partiraient pas avant qu'on leur eût fourni du pain et donné de l'argent ; qu'avant eux, les jeunes gens devaient partir pour Lyon... que d'ailleurs, ils n'avaient pas de propriétés à défendre et que c'était à ceux qui en possédaient à prendre le fusil. Le commandant eut beau leur répéter à maintes reprises qu'il « allait leur faire faire le prêt par le sergent-major », qu'il avait l'argent nécessaire dans « un sac » pour cette distribution. Aucun des mutins ne prit la peine de l'écouter. Quelques-uns même, s'élancèrent vers lui et menacèrent de le frapper.

Pendant que se déroulaient dans la confusion ces tristes marques d'insubordination de la part des grenadiers de la garde nationale, des propos inconsidérés et blâmables se tenaient dans la foule et des rixes s'élevaient parmi les assistants. Dans le cortège qui accompagnait les grenadiers à la barrière de la rue de Lyon se trouvait un instituteur public du nom de Violet. A un certain endroit, il entendit un bruit peu naturel, il s'approcha alors de la deuxième compagnie, commandée par le capitaine Serre, et constata une agitation peu commune. Cet officier criait à tue-tête à ses soldats de rentrer dans les rangs et ne pouvait être obéi ; ses ordres, au lieu d'apaiser les

mécontents, ne faisaient que les exciter davantage, tandis que de leur côté les assistants les
encourageaient, par leurs murmures et leurs propos séditieux, à la désobéissance.

Violet perça alors la foule et entendit un soldat
qui poussait hautement ses camarades à la désertion. Indigné d'une semblable conduite, il s'approcha vers lui et d'une voix douce et paternelle, il
lui représenta les dangers auxquels il s'exposait
en tenant un pareil langage et l'invita à se taire
dans son intérêt. A peine avait-il fini cette obser-
vation, qu'un paysan de Neuvy, de bonne mine,
fort et vigoureux, se tourna vers lui et lui dit,
« que cela ne le regardait pas, attendu qu'il n'y
avait que les paysans qui partaient et que tous les
Bourgillons restaient chez eux ». Violet lui répliqua que s'il avait un fils sous les drapeaux, il en
avait un aussi et qu'il se croyait en droit de faire
cette remontrance à cet imprudent militaire.

Au moment où se terminait ce dialogue, Denis
Angerant, entrepreneur de travaux publics, se
prenait de querelle avec un autre paysan du nom
de Polette qui engageait les soldats à la révolte.
Le paysan de Neuvy se rapprocha alors de Polette
et tous les deux ils vomirent les injures les plus
grossières contre Violet et Angerant, leurs inter-
locuteurs. La discussion paraissait terminée, lorsque tout à coup le paysan de Neuvy s'élança sur
Violet et lui porta un violent coup de poing en
pleine poitrine. Celui-ci riposta par un coup de
canne sur la figure. Le paysan de Neuvy devint
alors furieux, il courut de nouveau sur Violet,
armé d'une masse et allait lui faire un mauvais
parti sans l'intervention de plusieurs spectateurs.
Témoins de cette rixe, plusieurs grenadiers pri-

rent fait et cause pour le paysan de Neuvy, mirent baïonnette au canon et en menacèrent Violet qui s'empressa de fuir.

A midi, Brunin et Lacroix, employés à la préfecture, et Gagnière, sous-lientenant au 1er bataillon de grenadiers, apportèrent aux officiers le montant de leur traitement de février, ainsi que la paye des hommes ; puis on fit la distribution et on envoya chercher le pain à la manutention. L'esprit d'insubordination persévéra malgré cela. D'ailleurs, le prêt avait été fait la veille à la deuxième compagnie et c'est dans ses rangs qu'il y eut le plus de mutins, comme aussi c'est encore chez elle, que les officiers furent le plus grossièrement insultés, notamment le lieutenant de Revanger et le sous-lieutenant Donjan.

En présence de cette mutinerie qui s'aggravait à toute minute et de l'attitude de la population qui devenait de plus en plus hostile, on prévint le général Viallanes et le préfet et on leur demanda de prendre les mesures nécessaires pour apaiser les perturbateurs de l'ordre public et les mutins, puisque l'autorité des chefs était méconnue. Par suite du changement de régime, on ne prit pas de mesures rigoureuses contre les soldats rebelles et on n'exerça aucune poursuite judiciaire contre les individus qui avaient pris part au désordre de la rue et qui s'étaient livrés à des voies de fait sur des particuliers.

CHAPITRE II

LE VOL TRIOMPHAL DE L'AIGLE

Mesures répressives contre les Bourbons. — Le préfet de l'Allier Pougeard du Limbert. — Organisation du gouvernement impérial. — Mobilisation de la garde Nationale. — L'acte additionnel aux Constitutions de l'Empire.

I

Le 20 mars 1815, la première phase du duel engagé entre Louis XVIII et Napoléon était terminée. L'Empire s'asseyait à la place de la Royauté et la famille des Bourbons se réfugiait précipitamment en territoire étranger. Après un voyage rapide à travers les villes, après avoir volé fièrement au-dessus des châteaux et des chaumières des villages, l'Aigle avait retrouvé son nid encore chaud aux Tuileries.

Dans le département de l'Allier, le préfet de Frondeville, imitant l'exemple de son souverain, prit la fuite le 27 mars et confia la direction des affaires publiques au doyen du Conseil de Préfecture, le bon et serviable Duchézot, en attendant l'arrivée de son successeur. La veille de son départ, le 26 mars, le sous-préfet de l'arrondissement de Moulins, Auguste Depons, demanda à se retirer à la campagne qu'il habitait avant son entrée dans l'administration et ce jusqu'à ce que le ministre de l'intérieur eut statué sur la requête qu'il lui avait adressée. Duchézot lui accorda cette autorisation et délégua le conseiller de préfecture Favre pour remplir provisoirement les fonctions de sous-préfet de cet arrondissement pendant son absence momentanée. Le 28 mars, Amelot, sous-préfet de Montluçon, atteint d'une maladie grave, obtenait un congé d'un mois pour aller à Paris consulter les lumières de la science médicale. Le 29, Conny de la Fay, sous-préfet de Lapalisse, avisait Duchézot « qu'une fièvre très violente le mettait dans l'impossibilité de s'occuper des affaires administratives » et le priait de pourvoir à son remplacement pendant quelques jours. De la Feige, maire de Bussoles, fut commis à cet effet pendant le temps que durerait l'indisposition de Conny de la Fay.

Après avoir respiré l'air de la campagne pendant cinq ou six jours et s'être assuré de la situation politique du pays et de la marche des événements, Auguste Depons accourut à Moulins, prit la plume et écrivit le 3 avril, au maire de Moulins Desroys, la lettre ci-dessous : « Sa Majesté l'Empereur ayant ordonné par son décret du 13 du mois de mars dernier, que les émigrés rentrés en France depuis le 1ᵉʳ janvier 1814 et qui n'avaient pas été antérieurement rayés, amnistiés ou éliminés, sortiraient sur le champ du territoire de l'Empire, le ministre de la police générale charge le préfet de lui adresser sans retard une liste nominative des personnes de cette classe qui peuvent être entrées dans le département. Son excellence désire aussi connaître, la conduite que ces personnes ont tenue, si elles sont mariées, si elles ont des enfants et si elles tiennent à une famille nombreuse.

« Je vous prie, Monsieur, de me faire savoir
le plus tôt possible, s'il y a dans votre commune
quelques personnes à qui ce décret est applicable
et de me procurer les renseignements qui me sont
demandés par Son Excellence pour que je puisse
satisfaire à la demande de M. le préfet ».

En marge de cette correspondance, on lit :
« Copie de la présente a été adressée à M. le commissaire de police, le 4 avril 1815. Il a été invité
à en faire un rapport ». Nous n'en connaissons pas
la teneur.

Sur ces entrefaites, le successeur du marquis
de Frondeville, arrivait à Moulins. C'était Pougeard du Limbert, baron de l'Empire. Il n'était
pas un inconnu dans le département, car il l'avait
administré pendant plusieurs années et n'avait
cessé ses fonctions qu'après l'abdication de Napoléon et son départ pour l'île d'Elbe. Entièrement
dévoué à la dynastie impériale, il avait laissé,
durant son passage aux affaires, un bon souvenir
parmi les habitants, mais il manquait de l'énergie nécessaire dans les moments de grande crise
gouvernementale.

Le 5 avril, en vertu des pouvoirs qu'il tenait
du ministre de l'intérieur Carnot, il révoqua le
sous-préfet de Gannat, Elisée Suleau, et le remplaça par Loisel de Douzon, membre du conseil
général et maire d'Etroussat.

Le même jour, il remplaçait Félix Conny de la
Fay, sous-préfet de Lapalisse, par Cossonnier qui
avait exercé les mêmes fonctions sous l'Empire.

Le 7, Auguste Depons, sous-préfet de l'arrondissement de Moulins, était déclaré démission-
naire, malgré sa lettre du 26 mars qui avait pour
objet d'obtenir un congé et quoique il eut écrit au

maire Desroys le 3 avril la note que nous avons mentionnée plus haut. Son successeur fut Jean-François Burelle, ex-conseiller de préfecture, qui répondit le même jour à l'appel du Préfet et le pria de recevoir son serment ainsi conçu : « Je jure obéissance aux Constitutions de l'Empire et fidélité à Sa Majesté l'Empereur ».

Toujours le 7 avril, Pougeard du Limbert suspendit de ses fonctions le baron Perethon de Lamallerée, maire de la ville de Montluçon, et il le remplaça par le baron Deschamps de la Varenne, qu'il nomma le 15, sous-préfet de l'arrondissement. Et ce fut tout. Il laissa en place le maire de Moulins, Desroys, qu'il eût dû rendre à la vie privée dès la première heure, mais il n'osa pas le destituer à cause des relations amicales qu'il avait eues avec lui sous l'Empire, avant la première Restauration.

Le 13 mars, Napoléon avait rendu un décret concernant les émigrés rentrés en France depuis le 1er janvier 1814 ; le 25 du même mois de mars, il en avait promulgué un autre, concernant la famille des Bourbons, contre ceux qui avaient occupé des fonctions ministérielles sous le gouvernement du comte de Lille (Louis XVIII) : contre ceux qui avaient fait partie de sa maison militaire ou civile et de celle des princes de sa famille ; contre les chefs, commandants et officiers des rassemblements armés pour le renversement du gouvernement impérial et enfin contre ceux qui avaient fait partie des bandes de chouans.

Sauf quelques rares exceptions, tous les émigrés étaient revenus dans leur pays, après l'amnistie consulaire, et il n'existait, dans le départe-

ment de l'Allier, aucun membre de la maison des
Bourbons, aucun prince ou parent de cette
famille, ni « d'individus ayant occupé des fonctions ministérielles », à qui le décret du 25 mars
fut applicable. Mais plusieurs anciens émigrés
avaient été gardes d'honneur, mousquetaires, gardes du corps et avaient accompagné Louis XVIII
jusqu'à la frontière du Nord. Dans le seul arrondissement de Lapalisse, il y en avait quatre :
Joseph de Monteynard, de Saint-Léon ; Meilheurat fils, de Montcombroux ; de Vilette fils, du
Donjon et de Fradel, de Saint-Félix.

Lorsque le souverain déchu licencia sa maison
militaire à Béthune le 26 mars 1815, les gentils-
hommes du Bourbonnais qui en faisaient partie
rentrèrent tout penauds dans leurs gentilhom-
mières, les uns par étape, plusieurs à pied, quelques-uns à cheval. Dès que le baron Deschamps
de la Varenne, sous-préfet intérimaire de l'arrondissement de Montluçon, fut instruit de ce retour
tout à fait inattendu, il envoya aux maires « un
piéton extraordinaire » pour connaître immédiatement les personnes qui avaient fait partie de
la Maison du Roi. D'après leur réponse, il requit
individuellement chacune d'elles de venir prêter
serment dans la huitaine. Une fois ce délai
expiré, il adressa au préfet la liste de ceux qui
n'avaient pas jugé à propos de paraître. Dès le
premier jour, les deux frères de Louan, dont
l'un avait été garde d'honneur, se rendirent à son
invitation. Le lendemain, Chomeil, qui avait été
brigadier des gardes du corps, se présenta à son
tour.

Ailleurs, les gens de la Maison militaire du
Roi ne furent pas toujours accueillis avec la même

bienveillance. On leur déclara en termes sévères qu'ils s'exposeraient à des peines, s'ils n'obéissaient pas aux ordres impératifs de l'administration civile.

Le gouvernement des Cent-Jours avait obligé tous ces preux à restituer, à leurs dépôts, les effets d'équipement et les armes dont ils n'avaient su se servir que pour les revues ou pour parader les jours de cérémonie publique. Tous ces anciens émigrés, tous ces fils ou proches parents d'émigrés n'avaient abandonné aucune de leurs conceptions politiques et ne demandaient qu'à tendre des embûches à l'administration impériale, à soulever les populations de leurs communes contre le gouvernement et à servir d'indicateurs aux Alliés. Une surveillance étroite s'imposait autour d'eux. On leur fit prêter le serment suivant : « Je jure obéissance aux Constitutions de l'Empire et fidélité de l'Empereur » : on les obligea à se présenter à jour fixe devant les autorités du lieu de leur résidence et à signer sur un registre spécial. Et quand ils se trouvaient dans la nécessité de se déplacer pendant quelques jours pour affaires urgentes, ils étaient contraints de demander un passeport au préfet ou au sous-préfet de leur arrondissement en indiquant les motifs et la durée présumée et même précise de leur voyage.

Une grande partie des anciens gardes du corps originaires du Bourbonnais ne voulurent point abjurer leur foi monarchique et refusèrent de prêter le serment de fidélité à l'Empereur. Sur cette liste figurent les noms d'Amable de Chauvigny ; de Valtanges ; de Chabre fils : Dubrec ; Giraud ; Hugon de Givry ; Lassaigne de Saint-Georges, de Saint-Hilaire : Thiersonnier fils ;

Desboutins, de Sauvagny ; L'Huylier, d'Hérisson ;
Rochefort d'Ailly ; Meilheurat, de Montcombroux ; d'Estrées ; Joseph Monteynard, de Saint-
Léon ; de Vilette, du Donjon ; de Fradel, de
Saint-Félix. Philippe Gaulmin de Lagoutte crut
devoir faire étalage de ses opinions royalistes que
personne n'ignorait, en motivant ainsi son refus :
« Le maire de ma commune, écrivait-il au préfet,
vient de me remettre votre lettre du 29 avril rela-
tive au serment qu'on me demande, l'homme
d'honneur une fois engagé n'a plus le droit de
se délier et je ne m'appartiens plus. Permettez
que je reste digne de votre estime et de celle de
mes concitoyens ».

Les anciens gardes du corps qui prêtèrent serment par crainte de représailles administratives
ou des menaces de la police locale furent moins
nombreux que ceux qui restèrent fidèles à leur
passé. Magnac, Perethon de Lamallerée, de Mon-
luçon ; Legroing, de Saint-Sauvier ; Jules-Henri
Delouan ; Philippe-Eugène Delouan, de Courçais ;
Brunet d'Evry ; Gascard, ancien mousquetaire ;
de la Grange fils ; Meilheurat, de Gannat ; Denis
Chomeil, de Deneuille, furent les seuls qui se sou-
mirent à Napoléon et feignirent de reconnaître le
drapeau tricolore comme emblème national (1).

Dans une lettre adressée le 17 avril au maire
de Moulins, le sous-préfet intérimaire Burelle
lui demandait de lui fournir la liste des individus
« qui devaient composer la compagnie royale, que
l'on formait en cette ville dans le courant de
mars ». « Vous m'indiquerez, ajoutait-il, la résidence de ceux qui en auraient fait partie s'ils

____

(1) Extrait du *Bourbonnais sous la seconde Restauration. La Terreur blanche*, pages 3 et 4.

n'habitent pas tous à Moulins ». Cette demande
était absolument inutile. Il suffisait d'ouvrir le
registre des arrêtés préfectoraux pour connaître
les noms des officiers de cette compagnie. Quant
à ceux des hommes qui en faisaient partie, la
liste devait se trouver entre les mains du commandant.

II

Le duel entre la légitimité de droit divin et la
dictature militaire n'était pas encore achevé le
20 mars. Il ne restait plus qu'une passe à faire
sur l'adversaire et la victoire serait décisive. A
vrai dire, la dernière phase de la lutte était des
plus incertaines, car l'épée de combat allait chan-
ger de main et c'est aux Alliés qu'aurait affaire
désormais le plus vigoureux et le plus heureux
des deux athlètes, Napoléon.

L'empereur savait qu'il allait avoir la guerre
avec les puissances étrangères coalisées et prenait
ses dispositions pour parer à ce danger imminent.
Afin d'avoir disponibles et prêtes à entrer en
campagne au premier signal toutes les troupes
de l'armée active, il appela à la mobilisation deux
cent mille hommes de la garde nationale. Con-
ception malencontreuse, car la garde nationale
est, comme un sabre célèbre, une arme à deux
tranchants, dont l'un sert à soutenir le gouvernement, et l'autre à le combattre. Ces soldats-
citoyens étaient destinés non point à faire face
aux ennemis de l'extérieur, mais à maintenir
l'ordre et à marcher contre ceux de l'intérieur.
Le 8 avril 1815, le sous-préfet de l'arrondissement
de Moulins, Burelle, expliquait ainsi au maire
de la commune Desroys, les services que le Gou-

vernement exigeait de la garde nationale, cantonnée dans la ville : « Sa Majesté, lui disait-il,
qui fait diriger sur Lyon des troupes de ligne
pour étouffer à son principe le seul germe de
dissensions qui existe encore en France, désire
que les gardes nationales de chaque arrondissement de ce département, accompagnent la force
armée pour prouver aux ennemis de notre repos
que toutes leurs tentatives seront inutiles.

« Les gardes nationales sont déjà en mouvement dans les départements qui nous avoisinent,
il ne faut pas que le nôtre reste en arrière, lorsqu'il s'agit d'une mesure de salut public et qu'il
demeure froid au milieu de l'élan général. Au
reçu de la présente, faites rassembler les gardes
nationales de votre commune, faites leur sentir
combien il importe d'arrêter à leur source, les
mouvements qui se sont manifestés dans le Midi
et d'anéantir dès l'origine ce seul germe de division. Vous ferez remarquer aux gardes nationales appelées, qu'elles sont précédées par des troupes de ligne et qu'il s'agit moins d'aller combattre des ennemis que de montrer, par la réunion
générale de la volonté de tous les français, combien seront impuissants les efforts de ceux qui
voudraient encore troubler l'ordre public dont Sa
Majesté a pris l'engagement de faire jouir la
France ».

Burelle se garda bien se signaler dans cette
missive ce qu'il adviendrait si les circonstances
exigeaient, que la garde nationale fut dirigée sur
l'Est ou le Nord. Il est certain qu'en cas de guerre
avec l'étranger, Alsaciens et Lorrains, Francs-
Comtois, Dauphinois et Picards n'hésiteraient pas

à aller tenir garnison à Grenoble, Besançon, Strasbourg, Metz et Lille et à fournir des divisions de réserve aux troupes de l'armée active, parce qu'ils auraient sous les yeux la sinistre image de l'invasion et de la dévastation du pays où ils étaient nés et où ils demeuraient. Il était plus douteux, au contraire, que des Auvergnats, des Bourbonnais et des Berrichons consentissent à faire des centaines de lieues pour aller défendre des forteresses et des villes qu'ils ne connaissaient que de nom. On a vu ce qui s'était produit à Moulins le 20 mars et on verra dans les pages suivantes ce qui se produisit le 13 juin.

Le 10 avril, Burelle fit part à Desroys des nouvelles dispositions que le Conseiller d'Etat, commissaire extraordinaire dans la 21ᵉ division militaire, venait d'adopter, bien persuadé qu'il ne les exécuterait que mollement et peut-être même pas du tout. Elles étaient ainsi conçues :

« 1° Les citoyens qui ne font pas partie de la garde nationale et qui se présenteront devront être admis, lorsqu'il n'y a pas de motif pour les rejeter, et ils feront partie des bataillons, compagnies et détachements qui seront mis en route.

« 2° Pour activer et faciliter le départ des gardes nationales dans les lieux où les hommes ne seront pas en nombre suffisant, on pourra se dispenser de les organiser en bataillons, on pourra les faire partir par compagnies.

« 3° S'il ne se trouve pas d'officiers pour les commander, on pourra choisir des officiers à la demi-solde ou des officiers retraités, en état de servir.

« Quoi qu'il y ait bien lieu de croire, ajou-

tait-il dans sa communication, que le secours de
ces gardes nationales sera inutile à raison des
avantages remportés sur les rebelles qui ne profi-
tent de leur révolte qu'à raison de l'interception
des courriers faite par leur chef et de l'ignorance
où ils sont des événements et des dispositions de
tout le reste de la France, il est néanmoins important de ne rien négliger pour la réussite de la
formation de détachements ou compagnies plus
ou moins nombreux. Cette mesure prouvera, au
moins, le zèle du département et ses intentions
prononcées de soutenir le gouvernement ».

Le 20 avril, le comte de Rambuteau, chambel-
lan de l'Empereur, qui ne fut préfet de l'Allier
que pendant cinq ou six jours, s'employa, dès
son arrivée, le 18, à six heures du soir, activement
à l'organisation des gardes nationales du département. Il adressa aux maires une longue lettre
dont nous extrayons les passages suivants :
« L'Empereur en ce moment ne demande aucun
nouveau sacrifice. Il apporte tous ses soins à con-
solider la tranquillité intérieure par l'organisation de la garde nationale.

« Je sais qu'on cherche à répandre des craintes
sur cette utile institution ; c'est à votre zèle
éclairé que je confie le soin de dissiper ces
inquiétudes. La garde nationale composée de
propriétaires, de négociants, de cultivateurs est
destinée au maintien de l'ordre intérieur, à remplacer les troupes de ligne et les gendarmes appelés aux frontières, à prévenir les désordres, à
réprimer le brigandage, à veiller à la sûreté des
personnes et à la conservation des propriétés.

« Convaincu de ces utiles vérités, employez

toute votre influence pour activer cette organisation importante. Faites connaître que les compagnies du centre ne doivent jamais découcher et que celles d'élite ne peuvent être appelées momentanément à un service plus actif que dans le département ou sur un point voisin qu'il s'agirait de couvrir et de protéger... ».

Le lendemain 21 avril, le sous-préfet intérimaire Burelle complétait les instructions générales du comte de Rambuteau, en adressant cette courte note au maire de Moulins : « Je vous invite à m'envoyer un état des citoyens de votre commune âgés de 20 à 40 ans en les divisant en trois catégories :

« 1° La première comprendra les célibataires et les veufs sans enfant ;

« 2° Les hommes mariés sans enfant et sans profession ;

« 3° Les hommes mariés sans enfant exerçant une profession qui leur permette de s'absenter quelques jours sans que leur famille puisse souffrir de leur absence.

« L'objet qu'a le Conseil d'organisation est de former deux compagnies de grenadiers et de chasseurs du bataillon de la ville de Moulins, conformément au décret de Sa Majesté du 10 de ce mois.

« Hâtez-vous ! Le conseil désire obtenir ce renseignement avant le 26 ».

Desroys répondit en marge de cette note : « 328 garçons et 129 hommes mariés ; en tout 457 hommes ou garçons ». Ce fut toute sa réponse et l'examen de cet état de situation fut à peu près le seul travail auquel se livra la commission d'organisation de la garde nationale. Examinons maintenant comment il avait été procédé à cette organisation par l'autorité administrative.

Le 10 avril, le *Moniteur* publiait le décret impérial sur l'organisation de la garde nationale ; le 12, le ministre de l'Intérieur Carnot envoyait les instructions nécessaires pour son exécution, à tous les préfets ; et le 15, celui de l'Allier, Pougeard du Limbert prenait l'arrêté suivant :

« Le comité de département et les comités d'arrondissement seront composés ainsi qu'il suit pour l'organisation de la garde nationale.

Comité de département

Collot, membre du Conseil de préfecture, délégué par le préfet.

Le maréchal de camp baron Viallanes, commandant du département.

Le major Thinus, du 2ᵉ régiment de dragons, par lui délégué.

Loiseau de Lavesvre, membre du Conseil général du département.

Le chevalier Tarbouriech, commandant en chef de la garde nationale de Moulins.

Civel, capitaine commandant la gendarmerie du département.

Comité d'arrondissement de Moulins

Burelle faisant fonction par intérim de sous-préfet.

Robichon, ancien major du 27ᵉ dragons, nommé par le commandant de la division.

Dumas, capitaine-adjoint à l'Etat-major de la garde nationale de Moulins.

Bertaud, ex-commissaire des guerres, membre du Conseil d'arrondissement.

Le lieutenant de gendarmerie en résidence en cette ville.

Comité de l'arrondissement de Montluçon

Le colonel Jabin, nommé par le commandant de la division.

Fournier, receveur particulier des finances, commandant de la garde nationale de Montluçon.

Deschamps de Savigny, membre du conseil d'arrondissement.

L'officier commandant la gendarmerie du même arrondissement.

Comité de l'arrondissement de Gannat

Loisel de Douzon, faisant par intérim les fonctions de sous-préfet de l'arrondissement.

Le chef de bataillon Beauvais, nommé par le commandant de la division.

Rabusson de Vaure fils aîné, commandant de la garde nationale.

Decombes des Morelles père, membre du conseil d'arrondissement, demeurant à Broût.

L'officier commandant la gendarmerie de l'arrondissement ».

Comité de l'arrondissement de Lapalisse

Cossonnier, rappelé aux fonctions de sous-préfet de l'arrondissement.

Le colonel Desbrest, nommé par le commandant de la division.

Lhéritier, commandant de la garde nationale de Lapalisse.

De la Jolivette, membre du conseil d'arrondissement, demeurant à Cindré.

L'officier commandant la gendarmerie de cet arrondissement.

Parmi toutes ces nominations il en est une profondément regrettable, c'est celle de Collot. Ce personnage avait été sous l'ancien régime régisseur des biens du prince de Condé en Bourbonnais ; pendant la Révolution il correspondait clandestinement avec lui et durant l'Empire il le tenait au courant de l'esprit public. Aussi, par suite de ses manœuvres habiles, l'organisation de la garde nationale du département n'était pas même ébauchée, lorsque le commissaire extraordinaire de la 21e division militaire, le comte Colchen, arriva à Moulins au commencement de mai.

Pendant son court séjour en Bourbonnais, il fit d'écœurantes constatations. « J'ai trouvé, consignait-il dans son rapport au ministre de la police générale, Fouché, toutes les autorités du département de l'Allier dans un très mauvais sens. Des royalistes effrénés occupaient toutes les places, les amis du gouvernement n'osaient professer ni même manifester leurs opinions en faveur de l'Empereur sous peine d'être taxés de jacobinisme. Dans les campagnes comme dans les villes, le peuple, sans énergie, se soumettait à l'influence des ennemis de l'ordre de choses actuel. Seul, l'arrondissement de Montluçon résistait à cette influence, grâce à la bonne direction qu'il avait reçue du sous-préfet qui l'administrait, le sieur Amelot. Aussi, le rappel des anciens militaires, n'avait-il produit aucun ou presqu'aucun résultat. La garde nationale était aux ordres des nobles et commandée par eux et l'on ne s'occupait pas de la réorganiser. Enfin, en entrant dans ce département on pouvait se croire encore sous le gouvernement de Louis XVIII. On voyait au Conseil de préfecture un des membres se qualifiant de Receveur général des domaines et bois du prince de Condé. On voyait dans le maire de Moulins un homme qui, autrefois par état, aujourd'hui par sentiment, était attaché aux Bourbons. On entendait chez lui, des gens dire : « Quand *notre armée* aura mis une fois le pied sur le territoire de France, *nous verrons* ».

« Je me suis empressé de réorganiser les autorités, le mieux qu'il a été possible... » (1).

Le commissaire extraordinaire Colchen destitua le maire de Moulins Desroys et le remplaça par Joseph Marly, son premier adjoint. C'était un bon choix. Le nouveau maire, originaire de Metz, portait gravés dans le cœur l'amour de la patrie et la haine de l'Etranger.

Le conseiller de préfecture Collot, l'homme-lige du prince de Condé, fut remplacé par Ruffray qui avait joué un rôle considérable dans le Cher sous la Révolution. Républicain aussi ferme que patriote ardent, il avait dû quitter son pays natal pour échapper à la vindicte des émigrés rentrés et des royalistes et venir s'établir à Moulins où il ouvrit un cabinet d'avocat.

Colchen révoqua en outre le commissaire de police de cette dernière ville et le remplaça par Delacroix, « dont l'intelligence, le zèle et le patriotisme étaient bien constatés ». Enfin, il remplaça celui de Montluçon par Pinthon, sur le compte duquel il avait obtenu les renseignements les plus favorables. Amelot étant guéri, il le nomma sous-préfet de Gannat le 6 mai et René Perrin prit sa place à Montluçon le 17 juin suivant.

(1) Voir les *Cent-Jours*, par Emile Le Gallo (Librairie Félix Alcan, 1924).

Informé de la propagande royaliste qui se faisait dans les cercles, Colchen ordonna la fermeture, à Moulins, d'un club, dit le Cabinet littéraire, qui était le rendez-vous et le quartier général des ennemis du gouvernement. Et il défendit en même temps toute réunion qui n'aurait pas été autorisée préalablement par le préfet du département.

L'échenillage des adorateurs de la cocarde blanche et des insulteurs du drapeau tricolore marchait avec satisfaction, mais il n'était pas encore parfait. Colchen le compléta en réorganisant la garde nationale du département et en chassant de son sein tous les officiers notoirement hostiles au gouvernement impérial. Le 9 mai, il annulait toutes les opérations des comités de département et d'arrondissements nommés le 15 avril, en modifiait la composition et désignait les officiers du bataillon de Moulins. Le 10, le préfet de l'Allier, Pougeard du Limbert, prenait sous son impulsion l'arrêté suivant : « Les comités de département et des arrondissements pour l'organisation de la garde nationale seront composés ainsi qu'il suit :

Comité du Département

Du préfet.

Du maréchal de camp, baron Viallanes.

Du colonel Niepce.

De Loiseau de la Vesvre, membre du conseil général.

Du chevalier Porterat, commandant en chef de la garde nationale de Moulins.

Du capitaine commandant la gendarmerie du département.

Comité de l'arrondissement de Moulins

Le sous-préfet de l'arrondissement.

Le major Robichon.

Dumas, capitaine de la garde nationale de Moulins.

Torterat, conseiller d'arrondissement.

Le commandant de la gendarmerie du même arrondissement.

Comité de l'arrondissement de Montluçon.

Le sous-préfet de l'arrondissement.

Le colonel Jabin.

Le chevalier Fournier, ancien capitaine de dragons, commandant de la garde nationale de Montluçon.

Duchet Aimé, membre du conseil d'arrondissement.

Le commandant de la gendarmerie de l'arrondissement de Montluçon.

Comité de l'arrondissement de Gannat

Le sous-préfet de l'arrondissement.

Le chef de bataillon Beauvais.

Rabusson de Vaure fils aîné.

Boisrot-Lacour, membre du conseil d'arrondissement.

Le commandant de la gendarmerie de l'arrondissement.

Comité de l'arrondissement de Lapalisse

Cossonnier, sous-préfet de l'arrondissement.
Le colonel Desbrest.

Lhéritier, commandant de la garde nationale de Lapalisse.

De la Jolivette, membre du conseil d'arrondissement.

Le commandant de la gendarmerie de l'arrondissement.

L'arrêté pris le 9 mai par le commissaire extraordinaire Colchen était accompagné du suivant ·

Article premier. — Le commandant et les officiers de la garde nationale de Moulins, actuellement en exercice, cesseront leurs fonctions sur le champ.

Art. 2. — Ces officiers seront remplacés par : Porterat, légionnaire, commandant ; Simonin Antonin-Jean, adjudant-major ; Lamartine, capitaine ; Dumas, ancien officier, idem ; Pouillien, légionnaire, idem ; Belle, ancien officier, idem . Dubourg, militaire en retraite, lieutenant ; Angerant, propriétaire, idem ; Radot, inspecteur du cadastre, idem ; Mioche, propriétaire, idem ; Nollet, architecte, sous-lieutenant ; Coinchon, propriétaire, idem ; Durand de Patry fils, huissier, idem ; Valton, vérificateur du cadastre, idem.

Art. 3. — Le présent arrêté notifié aux fonctionnaires qui y sont désignés recevra son exécution sans délai par les soins et la diligence du préfet qui recevra leurs serments d'obéissance aux Constitutions de l'Empire et de fidélité à l'Empereur.

Chacun se mit alors résolument à l'œuvre.

Pendant que Burelle se concertait avec Marly sur les mesures qu'il y avait à prendre, le conseiller de préfecture Ruffray, « commissaire spécial pour l'organisation de la garde nationale active de l'arrondissement de Moulins », pressait le recrutement dans les communes rurales et exigeait qu'elles fournissent le contingent d'hommes aptes au service militaire que l'autorité leur ré-

clamait. Car il avait remarqué que plusieurs
d'entr'elles faisaient figurer, sur leurs listes, des
individus qui, par suite d'infirmités ou de fai-
blesse de constitution, étaient incapables de porter un sac et un fusil. Afin, aussi, de prévenir les
fuites qui se produisaient dans plusieurs localités,
il écrivait aux maires de l'arrondissement de
Moulins, le 1ᵉʳ juin 1815 : « Le comité que je préside me charge de vous inviter à envoyer à la
mairie de Moulins, le 4 juin, à 9 heures du matin :
1° la liste des hommes qui ont comparu au comité
comme porteurs de congés absolus ou de réforme ;
2° la liste de tous les porteurs de congés absolus
et de réforme qui n'auraient pas été portés sur
vos listes ou qui n'auraient point paru au comité
et ceux qui ont dédaigné de se présenter au comité quoique, par vous, spécialement désignés où
qui ont fait partie des listes générales des célibataires de votre commune.

« La peine que les célibataires encourraient,
s'ils ne se présentaient pas, serait d'être déclarés
déserteurs. »

Ce n'était pas tout d'appeler les hommes de la
garde nationale mobilisables sous les drapeaux, il
fallait songer à les habiller et à les équiper au
plus vite, car les hostilités allaient bientôt com-
mencer et l'ordre n'était pas encore rétabli partout. On n'avait pas de local pouvant servir de
magasin d'habillement, le maire de Moulins en
offrit un assez confortable, ce dont le remercia en
ces termes, le préfet de l'Allier, Pougeard du
Limbert, le 20 mai 1815 : « Vous avez eu soin
de me faire prévenir qu'une des chambres du
ci-devant collège, occupée précédemment par des
tableaux faisant partie du Museum dont le sieur

Dufour était conservateur, était très propre pour faire un magasin d'habillement, équipement et armement pour la garde nationale mobilisée. J'accepte ce local et vous remercie de votre offre ».

Pour habiller et équiper la garde nationale, il fallait des fonds ; et on n'en avait pas. Le département contracta alors un emprunt de 91.000 francs et une souscription fut ouverte parmi les habitants par les soins du général Viallanes, commandant de la subdivision militaire de l'Allier. Les fonctionnaires, les autorités civiles et militaires, les corps élus souscrivirent avec empressement des sommes importantes. Le conseil municipal de Moulins, sur la proposition du nouveau maire, vota 400 francs, le préfet Pougeard du Limbert se fit inscrire pour 500 francs et adressa à cette occasion — le 10 juin 1815 — deux lettres charmantes à Marly. Nous nous faisons un devoir de les citer, tant pour la vérité historique, que pour honorer sa mémoire : « J'ai l'honneur, exposait-il, dans l'une d'elles, de vous adresser ci-joint la somme de 300 francs pour la souscription que forme le général Viallanes, commandant de ce département, afin de concourir à l'équipement et à l'armement de la garde nationale mobilisée.

« Je vous prie de consigner sur vos registres ce don patriotique dont le montant sera versé à la caisse de M. Artigaud, percepteur. »

Le même jour, Pougeard du Limbert fournissait au maire de Moulins des éclaircissements sur le caractère de son offrande patriotique. « J'avais eu d'abord, disait-il dans cette seconde lettre, le projet de verser quelques fonds dans l'emprunt des 91.000 francs, mais je trouve plus

utile aux besoins pressants du service de les af-
fecter aux dépenses d'habillement de nos gardes
nationales. Je vous prie de m'inscrire pour une
somme de 200 francs en accroissement de celle
de 300 francs que j'ai précédemment offerte et
versée à la caisse du receveur de la ville ».

On ne saurait trop louer les intentions géné-
reuses du premier magistrat du département de
l'Allier. Son geste patriotique ne mérite pas seulement l'éloge des contemporains, mais il appelle
encore la méditation des générations actuelles et
futures sur l'esprit de désintéressement et de
libéralité qui existait à cette époque dramatique
chez les vrais patriotes, dès qu'il s'agissait de la
défense nationale. C'était un exemple qu'il était
bon de suivre plus tard ; mais serait-il suivi ?

Grâce à l'activité de l'autorité préfectorale et à
celle des comités d'arrondissements, l'heure de la
mobilisation des gardes nationales du département allait bientôt sonner.

Le 15 mai, Pougeard du Limbert prit un
arrêté où il fixa ainsi le contingent que doit fournir le département. Chacun des quatre arrondissements devra mettre sur pied trois compagnies
de grenadiers, qui devront s'armer et s'équiper à
leurs frais. Toutefois les individus payant par
eux-mêmes ou par leurs parents moins de cinquante francs de contributions « seraient dispen-
sés de droit de cette obligation ». Ces douze compagnies devaient constituer deux bataillons destinés à couvrir Paris en cas d'attaque de l'ennemi.

Le 25 mai, Pougeard du Limbert annonça
qu'elles allaient partir et arrêta que les trois compagnies d'élite des grenadiers seraient mises en
route au chef-lieu de leur arrondissement ; que

celles des arrondissements de Montluçon et de Gannat s'y rendraient le 2 du mois de juin prochain pour en partir le 3, se rendre au chef-lieu du département le 4 et être dirigées ensuite sur Orléans, lieu de leur destination ; que celles de Lapalisse seraient mises en marche le 10 pour être à Moulins le 11 et aller également à Orléans le 15 ; enfin que les compagnies de l'arrondissement de Moulins seraient réunies en cette ville le 11 et gagneraient de là Orléans.

Peu d'hommes répondirent à l'appel du préfet et ceux qui s'y rendirent étaient animés d'un aussi mauvais esprit que les grenadiers du 1er bataillon, dont nous avons parlé au premier chapitre de cet ouvrage. Dans le canton du Mayet-de-Montagne, les grenadiers de la garde nationale qui devaient assister à la revue de départ du 15 juin, pour être dirigés sur Paris, afin de remplacer les conscrits de 1815, se dispensèrent unanimement d'obéir à cet ordre. Pour les y contraindre, le sous-préfet de l'arrondissement de Lapalisse, Cossonnier, fut obligé d'établir des garnisaires chez les « absents et leurs parents ». Il chargea le maire de Nizerolles, Gautier Labertière, de cette ingrate mission et lui accorda tous les pouvoirs nécessaires pour les forcer à rejoindre leur corps. L'exécution de cette mesure coercitive arrivait trop tard. L'armée française venait d'être vaincue à Waterloo et l'Empereur était sur le point de s'embarquer pour l'île de Sainte-Hélène.

Le 1er bataillon de la garde nationale mobilisée s'était mutiné le 20 mars précédent au moment de son départ pour le camp de Lyon ; le 2e, encouragé par les émissaires royalistes, les malveillants, les traîtres et les lâches, fut sur le point d'imiter son funeste exemple.

Si on fait un retour en arrière et si on compare les volontaires du Bourbonnais pendant la Révolution aux gardes nationaux des Cent-Jours, on constate avec un pénible regret une différence sensible entre l'état d'âme des hommes de ces deux époques peu éloignées l'une de l'autre. Il est à croire que quinze ans de dictature militaire, avaient abaissé le niveau des caractères au lieu de l'élever, substitué l'égoïsme à l'esprit d'abnégation et de sacrifices, détruit toute qualité morale et enlevé tout sentiment de solidarité nationale.

Heureusement, le préfet de l'Allier Pougeard du Limbert put prévenir à temps cette tentative de révolte. Ce fonctionnaire, écrivait en effet au maire de Moulins, le 13 juin : « Je viens de recevoir un rapport du commissaire de police en date du 12, contenant des renseignements sur les auteurs d'un complot qui tendrait à désorganiser le 2ᵉ bataillon des grenadiers de la garde nationale, actuellement à Moulins, et à exciter des désordres au moment du départ de ce bataillon.

« Je viens de prendre un arrêté pour prévenir l'exécution de ce criminel complot et éviter les malheurs qui pourraient en résulter. »

Quels étaient les auteurs de ce criminel complot auquel le préfet faisait allusion ? Ils se trouvaient dans les rangs même de la garde nationale mobilisée de l'Allier, où plusieurs d'entr'eux occupaient des grades plus ou moins en rapport avec leurs capacités. Ils n'étaient pas tous originaires de Moulins, il y en avait aussi des autres localités du département, du Donjon, de Cusset,

de Liernolles, de Gannat, de Montcombroux, de
Beaulon. Les chefs de ces conjurés se réunis-
saient d'ordinaire rue de Bourgogne, à l'hôtel des
Quatre-Vents, au nombre de 10 ou 12, et y étu-
diaient ensemble les moyens de désorganiser la
défense nationale. Ils ne s'efforçaient pas seulement de renverser le gouvernement impérial et de
ramener les Bourbons sur le trône en créant des
difficultés intérieures et des émeutes, ils cherchaient également à livrer la France à l'Etranger
en excitant les soldats de la garde nationale mobilisés à l'insubordination et à la désertion. C'étaient
des factieux, des rebelles qui méritent la flétris-
sure de l'histoire (1).

Les conjurés avaient des dépôts d'armes sur
beaucoup de points du département ; à Yzeure,
dans la maison de Panloup, appartenant à de
Champflour ; chez Champvallier au Cocard et
au Planchard où résidait de Tarade pendant
l'été. A l'extrémité du département, il y en avait
plusieurs fort importants : chez les demoiselles
Méplain, chez M⁵⁵ veuve Méplain en son château
en la ville du Donjon ; dans la maison de campagne de ses enfants, appelée Gros-Coup, commune
de Liernolles ; au lieu dit de Roudon, paroisse de
Montcombroux, chez de Chargère et chez Crouzier des Pourrats, maire de Liernolles.

(1) Noms des conspirateurs : Méplain, du Donjon ; de
Chargères, de Montcombroux ; Meilheurat des Virots
fils, de Liernolles ; Revanger ; Burelle, fils du phar-
macien ; Deluchet, dit Ravine ; Granger, jardinier de
M. de Labrousse ; Laféron, de Moulins ; Merle fils, de
Beaulon ; Dufloquet fils, de Moulins, et de Tarade, ancien
capitaine d'artillerie, à Moulins.

(Tiré de l'*Histoire de la ville de Moulins*, tome 1ᵉʳ,
page 471, par Henri Faure).

Les conjurés avaient à leur disposition des émissaires nombreux, habiles et dévoués. Leur principal agent à Moulins était un fabricant qui s'absentait souvent, soit disant pour son commerce, mais en réalité pour se mettre en rapport avec les transfuges français qui s'étaient retirés à Gand ou avec ceux qui servaient d'escorte et d'indicateurs aux armées étrangères. Un marchand épicier du nom de Ravine distribuait « les imprimés » contre le gouvernement impérial, dans la ville et tout spécialement parmi les anciens canonniers de la garde nationale qu'il connaissait parfaitement, car il avait appartenu à la même arme que le plus grand nombre d'entr'eux.

Comme il importait essentiellement à la tranquillité publique de réprimer ces manœuvres qui tendaient à allumer la guerre civile, le préfet de l'Allier Pougeard du Limbert ordonna au commissaire de police de faire « une visite et perquisition exacte chez Ravine, afin de s'assurer si, comme les indices et les renseignements semblaient l'annoncer, il était dépositaire d'imprimés tendant à contrarier les vues et l'action du gouvernement ». Ces visite et perquisition eurent lieu le lendemain, mais il ne semble pas qu'elles aient produit le résultat que l'autorité préfectorale en espérait.

La distribution d'écrits incendiaires, dans le public, la propagande verbale ne suffisant pas aux yeux des royalistes et des conjurés de l'hôtel des Quatre-Vents, ils y joignirent la propagande par le fait. En même temps que les factieux de la rue de Bourgogne cherchaient à détourner les hommes de la garde nationale mobilisée de leurs devoirs les plus sacrés, en les excitant à l'in-

subordination, leurs complices s'attaquaient aux
édifices qu'ils savaient être nécessaires à la fa-
brication des armes et des engins de guerre.

Deux jours avant la bataille de Waterloo, le
préfet de l'Allier transmettait au maire de Moulins les signalements de plusieurs émissaires du
comte de Lille (Louis XVIII) qui devaient se
rendre en France, soit pour y fomenter des troubles, soit pour faire sauter les poudrières. Il
paraît en effet certain que le plan adopté par
les transfuges français était de faire sauter dans
toutes les places de la France les magasins à
poudre, ainsi que les manufactures où on les
fabriquait. Le préfet invitait le maire à donner les
ordres nécessaires pour que les individus qui se
rendraient dans la ville qu'il administrait « pour
cette mission », fussent recherchés avec soin et
arrêtés immédiatement.

Ce n'était guère rassurant pour les habitants.
Car il y avait à Moulins une poudrière ; et il y
avait aussi des casernes. Nul doute que les émissaires royalistes ne les eussent incendiées, afin
de détruire les dépôts d'armes qui s'y trouvaient.

On blémit d'effroi en voyant les systèmes divers
employés par les royalistes pour ramener Louis
XVIII sur le trône. Ils poussèrent l'exaltation
jusqu'au crime et ne reculèrent pas devant le châ-
timent. On se demande à quelles sources les autorités puisaient leurs renseignements sur les manœuvres criminelles qu'ils projetaient dans leurs
conciliabules secrets. Dans sa circulaire du 8 mai
1815, le Ministre de l'Intérieur, Carnot, s'élevait
avec indignation contre la violation du secret des
correspondances dans les bureaux de poste. Il
considérait cet acte comme étant la cause de tous

nos malheurs sous la Révolution et il ordonnait aux préfets de faire punir selon toute la rigueur des lois, les agents de l'administration, qui s'en rendraient coupables. La police locale était manifestement insuffisante partout et nulle part assez habile pour découvrir les auteurs de semblables attentats. Et alors, il s'était donc glissé des traîtres parmi les fauteurs de désordre pour qu'elle fut instruite de la préparation de leurs forfaits ? C'est assez probable.

Dans le trouble du moment, au milieu du choc des idées et du conflit entre les partisans du drapeau blanc et du drapeau tricolore, le clergé chercha à exploiter à son profit la situation confuse de l'Etat.

Il reprochait a Napoléon de ne pas lui avoir fait rendre ses biens, de lui avoir accordé des traitements dérisoires, de favoriser les prêtres assermentés au préjudice de ceux qui n'avaient pas prêté serment sous la Révolution et de les traiter comme des fonctionnaires subalternes de l'administration. Aussi, un grand nombre de ses membres, en Bourbonnais, refusèrent-ils de soutenir son gouvernement et même de le reconnaitre.

Lors de la première Restauration, une foule de déclassés et d'aventuriers en soutane se précipitèrent sur la France, comme des vautours sur un blessé, prêt à rendre le dernier soupir. Il y en avait de toute espèce et de toute nationalité, des jeunes et des vieux, des infirmes et des bien portants. La proie en valait la peine. Ils s'établirent là où la vie était le plus commode et le plus agréable, sous des noms divers et parlant un langage dont la résonnance faisait concevoir des doutes sur la réalité de leur état civil. Pendant toute la durée du gouvernement des Cent-Jours, ils ne quittèrent pas leurs monastères, attendant le dénouement de la crise sur les champs de bataille et implorant le ciel en faveur de nos ennemis. Les ministres de Napoléon conçurent des doutes sur leur civisme et, le 23 mai, le sous-préfet provisoire de l'arrondissement de Moulins écrivait à Marly, le maire de la ville : « Le directeur général des Cultes désirant avoir la statistique de tous les anciens ordres religieux, trappistes, jésuites, pères de la foi ou missionnaires, s'il y en a de rétablis avec ou sans autorisation du dernier gouvernement, charge M. le Préfet de lui adresser à cet égard les renseignements qu'il demande, et notamment une notice sur les individus affiliés à ces ordres. Me répondre le plus tôt possible ».

Certes, cette notice n'était pas superflue, car plusieurs des gens affiliés à ces ordres étaient d'une moralité suspecte.

Le 31 mai 1815, il y eut du tapage à Moulins, et ce fut un membre du clergé qui en fut la cause. Le curé de Notre-Dame, Florimond Roux, refusa de faire chanter le *domine salvum fac imperatorem*, sous prétexte qu'il avait prêté serment au Roi et qu'il ne voulait ni ne pouvait le violer, sans se montrer parjure, cette explication ne plut point aux fidèles et le vacarme se déchaîna. En présence de l'attitude de la foule, il consentit à retirer son veto. Le curé des Carmes, de la Mousse, n'était pas plus bienveillant à l'égard de Napoléon, que l'abbé Roux. Nous verrons dans le dernier chapitre de cet ouvrage ce qui résulta de son hostilité mal déguisée et sournoise.

III

La réorganisation de nos forces militaires de première et de seconde ligne ne détourna pas Napoléon de ses projets de réformes administratives et politiques. Le 13 mars 1815, il avait promis à Lyon de doter la France de la monarchie constitutionnelle dont il serait le souverain. Il tint parole, et dès son arrivée à Paris, il se mit fiévreusement à l'œuvre, afin d'établir les bases de l'institution nouvelle et le mode de fonctionnement des services. Par sa circulaire du 28 mars, le Ministre de l'Intérieur Carnot, annonça aux préfets ce grand événement dans un style précis, ferme et imagé, dont il avait le secret lors des occasions solennelles. « Vous avez dû avoir connaissance, leur exposait-il, du décret impérial rendu à Lyon le 13 mars, par lequel sont convoqués les collèges électoraux pour former une assemblée extraordinaire du Champ de Mai.

« Ce décret et les considérants qui le motivent sont un hommage rendu aux grands et éternels principes qui constituent les états civilisés. Obscurcis et étouffés par l'anarchie féodale, ils ont repris plus de force et d'éclat dans les temps modernes et les progrès des lumières leur assurent désormais une longue durée. C'est pour eux que la France s'est levée en 1789 ; c'est pour eux qu'elle a combattu contre toute l'Europe, et leur conquête est associée à cette gloire immense qui illustre à jamais les armées françaises.

« L'Empereur reconnaît ces droits du peuple acquis par vingt-cinq ans de combats. Il s'élève contre le principe que la nation est faite pour le trône et non le trône pour la nation. Il veut s'en-

tourer des collèges électoraux pour corriger et
modifier nos constitutions selon les intérêts et la
volonté de la nation.

« Quel grand et beau spectacle que celui d'un
héros, idole de l'armée et qui fut le vainqueur
de l'Europe, déclarant du haut du pavois où l'ont
élevé les suffrages du peuple et des soldats, que
c'est d'eux qu'il tient sa puissance, qu'il ne veut
régner que par les lois et que de concert avec les
députés de la nation, il va fonder par des insti-
tutions fortes et sages, l'alliance du pouvoir monarchique avec l'indépendance d'un peuple brave
et éclairé.

« Ainsi Charlemagne, rétablissant ces Champs
de Mars et de Mai, aussi anciens que le nom
français, s'entourait de l'élite de son peuple et
du sein de ces assemblé nationales émanaient
ces Capitulations qui form t un des plus beaux
documents de son règne et qui ont survécu à ses
conquêtes. Mais alors, une faible partie de la nation était représentée ; aujourd'hui, toutes les
classes de citoyens concourent au choix des membres des collèges électoraux. Ceux que Sa Majesté
convoque, composés des principaux propriétaires
et de plusieurs membres de la Légion d'Honneur,
ont pour éléments la propriété, véritable base
de la stabilité des Etats et le courage qui la garantit et la protège.

« Dans cette nouvelle fédération, l'Empereur
présentera à ses peuples son auguste épouse et
le prince, espoir de la nation qu'il doit gouverner
un jour. Suivant un usage antique et cher à la
France, ils recevront la couronne au milieu du
Champ de Mai et prendront place sur le trône,
à côté du grand Napoléon. Cette touchante solen-

nité concourant avec la grande époque de l'organisation constitutionnelle de notre pays, consacrera de nouveau l'alliance des Français, avec la quatrième dynastie et les serments mutuels des sujets envers leurs princes et des princes envers leurs sujets. »

Pour établir ce vaste programme sur des bases solides, il fallait trouver un homme dégagé de l'esprit de parti, indépendant de caractère, devinant les intentions de son souverain et propre à les fixer sur le papier en phrases claires, courtes et démonstratives.

Le hasard, ce grand artisan de nos destinées, mit en rapport Napoléon avec Benjamin Constant, un ennemi juré de sa famille et même de sa propre personne. Quelques entretiens secrets suffirent pour éclaircir l'horizon, dissiper les malentendus et en peu de jours ils étaient devenus amis.

Benjamin Constant était le personnage qui connut le mieux les constitutions de l'Europe, surtout celle de l'Angleterre, pour laquelle il professait une admiration profonde. Celles que la France s'était données depuis 1789 étaient étiquetées et inventoriées dans son puissant cerveau, comme les ouvrages de sa bibliothèque. Il savait ce qui convenait à cette heure aux Français et ce qui les mécontenterait. Très rapidement, il fit son plan et le soumit à l'Empereur. Pour toute réponse, il obtint cette phrase lapidaire : « Allez et surtout faites vite ». En moins de trois semaines, Benjamin Constant mit sur pied un édifice qui fait le plus grand honneur à sa mémoire d'écrivain et d'homme d'Etat.

Napoléon y fit peu de retouches et les modifi-

cations qu'il y introduisit, tiendraient en quelques
lignes et elles portaient plutôt sur la forme que
sur le fond. Il voulut que l'institution prit le nom
« d'acte additionnel aux constitutions ; l'Empire » ; titre trop long qui serait mal accueilli par
les masses et critiqué par les constitutionnels
et les grands corps de l'Etat eux mêmes, quoiqu'ils fussent habitués à approuver sans mot dire
tout ce qui venait de l'Empereur et sortait de son
cabinet. Benjamin Constant céda sur ce point qui
n'avait rien d'essentiel et défendit son ouvrage
avec succès, au Conseil d'Etat où Napoléon avait
créé une place pour lui, et le 22 avril 1815, il eut
la satisfaction de le voir inséré au bulletin des
lois n° 19, ainsi qu'un décret ordonnant sa présentation à l'acceptation du peuple français.

Il sera ouvert, y était-il dit, aux secrétariats de
toutes les administrations, de toutes les municipalités, aux greffes de tous les tribunaux, chez
tous les juges de paix, chez tous les notaires, des
registres sur lesquels les Français seront appelés
à consigner leur vote sur l'acte additionnel en
date de ce jour.

Ces registres s'ouvriront deux jours au plus
tard après la réception du bulletin de lois, et res-
teront ouverts pendant dix jours.

Aussitôt après l'expiration du temps donné
pour voter, chaque dépositaire d'un registre l'ar-
rêtera, portera au bas le relevé du nombre des
votes, certifiera le tout et l'adressera dans les
deux jours suivants au maire de la municipalité.
Celui-ci l'adressera à son tour dans les vingt-
quatre heures suivantes au sous-préfet de son
arrondissement avec un relevé de lui certifié, qui

sera conforme au modèle joint au présent règlement sous le n° 1.

Vingt-et-un jours après la publication du présent règlement, le sous-préfet transmettra au préfet tous les registres de son arrondissement avec un relevé de lui certifié et qui sera conforme au n° 2.

Vingt-cinq jours après la publication du présent règlement. chaque préfet adressera au Ministre de l'Intérieur tous les registres de son département, avec un relevé de lui certifié et qui sera conforme au n° 3.

L'acte additionnel sera envoyé à l'acceptation des armées de terre et de mer.

Dix jours après la réception du bulletin des lois, chaque corps enverra aux secrétariats du ministre de la Guerre et de celui de la Marine le registre de ses votes.

Le dépouillement de tous les registres et le recensement des votes auront lieu à l'assemblée du Champ de Mai qui est, à cet effet, convoqué à Paris, pour le 26 mai prochain.

Deux jours après, le 24 avril, le ministre de l'Intérieur Carnot traça aux préfets la ligne de conduite qu'ils avaient à tenir dans la circonstance présente. Sa communication n'étant que la paraphrase du décret de l'avant-veille, nous n'en citerons que ces trois paragraphes parce qu'ils ne figurent pas dans le bulletin des lois n° 19, et qu'ils expliquent les motifs pour lesquels l'Empereur avait consenti à modifier les constitutions de l'Empire.

« L'Empereur, écrivait-il, vient de réaliser les espérances qu'avait fait concevoir son décret du 13 mars. Il avait promis dès son arrivée à

Lyon, que les constitutions seraient modifiées selon les intérêts et la volonté de la nation. Aujourd'hui, Sa Majesté présente à l'acceptation du peuple l'acte qui garantit les droits, pour la conquête desquels nous avons fait tant d'efforts et de sacrifices.

« Vous veillerez avec soin à ce qu'un exemplaire de tous les décrets compris dans le n° 19 du bulletin des lois soit déposé dans le bureau de chacun des fonctionnaires publics désignés pour recevoir les votes...

« Il est nécessaire d'apporter dans cette opération toute l'exactitude et la célérité possibles, afin que les résultats soient connus à l'époque fixée par Sa Majesté pour la réunion de l'assemblée du Champ de Mai. »

Dans l'Allier, les électeurs se montrèrent peu empressés à se rendre au scrutin pour l'acceptation de l'acte additionnel. Bon nombre de communes s'abstinrent même de prendre part au vote. Il n'y eut guère que les fonctionnaires administratifs ou électifs, les notaires, les avoués et les gens de la campagne qui remplirent leur devoir civique. Le clergé, la noblesse, la bourgeoisie et les aigrefins de la finance crurent devoir faire de l'hostilité au gouvernement impérial en faisant grève autour des registres déposés à leurs municipalités. Cependant, un maire, celui de Vesse, dont la famille avait été cruellement éprouvée sous la Terreur, fit exception à la règle générale. Ce fut Joseph Rougane ; très patriote, il oublia les malheurs qui l'avaient frappés, il pratiqua, en présence du danger extérieur, cette union sacrée qui aurait dû être gravée dans tous les cœurs vraiment français.

Lorsque le gouvernement des Cent-Jours fut
formé, il poursuivit les jeunes gens de la commune pour les forcer de rejoindre les drapeaux
de l'Empereur et envoya les gendarmes pour les
y contraindre.

Dès que le scrutin pour l'acceptation de l'acte
additionnel fut ouvert dans sa localité, il se rendit le dimanche suivant à la grand'messe et aussitôt que le curé Vidal eut achevé son prône, il
lut dans l'église les décrets rendus par Napoléon,
sans en excepter l'article 67 et dernier, concernant l'exclusion des Bourbons au trône de France.
Après avoir commenté longuement le bulletin
des lois n° 19, il invita, assure le curé Vidal, les
assistants à venir l'approuver par leur signature,
et il donna lui-même le premier l'exemple en y
apposant la sienne à côté de celle de l'ancien ter-
roriste, l'avocat François Givois.

L'abstention du clergé, de la noblesse et de la
bourgeoisie reconnait entièrement pour cause le
fameux article 67, qui était ainsi conçu : « Le
peuple français, en déléguant ses pouvoirs aux
autorités instituées par la nouvelle constitution,
ne leur confère cependant pas le droit de proposer le rétablissement des Bourbons (la dynastie
impériale fut-elle éteinte), le droit de rétablir
l'ancienne noblesse féodale, les privilèges seigneu-
riaux, les dîmes, les privilèges de culte, le droit
surtout de porter atteinte à l'irrévocabilité de la
vente des biens nationaux et interdit formelle-
ment à quelque individu que ce soit, toute proposition de ce genre ». Le clergé et la noblesse
étaient dans leur rôle en s'abstenant, mais la
bourgeoisie, dont l'origine remontait en grande
partie à la vente des biens nationaux sous la

Révolution, méconnut ses devoirs en s'éloignant des salles de vote, pour faire croire à l'ancienneté de ses richesses et de sa race, et aussi pour n'avoir pas à servir dans les armées de celui qu'on appelait l'usurpateur dans les milieux bien pensants.

Dans l'Allier, il y eut seulement 9.849 suffrages exprimés, se décomposant ainsi :

Arrondissement de Moulins

Votes *oui :* 2911   Votes *non :* 6   Total : 2917

Arrondissement de Montluçon

Votes *oui :* 2368   Votes *non :* 15   Total : 2383

Arrondissement de Gannat

Votes *oui :* 1566   Votes *non :* 16   Total : 1582

Arrondissement de Lapalisse

Votes *oui :* 2967   Votes *non :* 0   Total : 2967

Dans l'arrondissement de Montluçon, le relevé des votes par canton donna les résultats suivants :

Cérilly..........	*Oui :* 297	*Non :* 5	Total : 302
Hérisson........	— 329	— 0	— 329
Huriel..........	— 498	— 10	— 508
Marcillat........	— 380	— 0	— 380
Montluçon......	— 701	— 0	— 701
Montmarault....	— 163	— 0	— 163
	2368	15	2383

Nous n'avons pas jugé à propos de faire le dénombrement des votes par commune, c'eut été un travail beaucoup trop étendu et trop fastidieux. A remarquer toutefois ceux de l'Etelon, 55 oui, Cérilly 90 et Ainay 97 pour le canton de Cérilly. La Chapelaude donne 250 oui et 10 non, Huriel 96, Chazemais 70 (canton d'Huriel) ;

Arpheuilles 66 oui, Marcillat 57, Saint-Priest 44
(canton de Marcillat) ; Montluçon 273 oui, Do-
mérat 75, Lamaids 60, Prémilhat 107 (canton de
Montluçon) ; Commentry 31 et Montmarault 63
oui (canton de Montmarault).

A citer surtout le vote de Viplaix, 300 oui.

L'arrondissement de Lapalisse fut le meilleur
du département. Le canton de Cusset donna 605
oui ; Le Donjon 900 ; Jaligny 275 ; le Mayet-de-
Montagne 237 ; Lapalisse 635 ; Varennes 313. Il y
eut beaucoup de communes qui s'abstinrent, à
noter celles de Creuzier-le-Vieux, Loddes, Montcombroux, Jaligny, Sorbier, Châtelperron, Thion-
ne, Treteau, Barrais, le Breuil, Bussoles, Saint-
Christophe, Isserpent, Périgny, Saint-Prix, Mon-
toldre, Rongères, Sanssat et Saint-Félix. Par contre, il y en eut plusieurs qui se montrèrent très
empressées. Nous citerons au hasard celles de
Busset 85 oui, Saint-Didier-en-Donjon 120, Lenax
130, Luneau 138, Montaiguët 183, le Pin 95, Arfeuilles 118, Lapalisse 191, Nizerolles 74.

Les communes rurales de l'arrondissement de
Moulins firent aussi preuve dans l'ensemble de
beaucoup d'élan patriotique. Il y eut à Saint-Gé-
rand-de-Vaux 123 oui, à Dompierre 153, Cressanges 132, Besson 129, Bessay 103, Saligny 204,
Pierrefitte 112, Lurcy et Neure 360, Le Veurdre
228. Les villes au contraire se montrèrent fort
tièdes, et même indifférentes à cette consultation
nationale. Souvigny donna 11 oui et 4 non et
Moulins 299 oui seulement.

Les premières marches de l'édifice constitutionnel étaient franchies, il n'en restait plus que quel-
ques-unes à gravir pour atteindre le sommet. On
y arriva sans trop de difficulté.

CHAPITRE III

LA PLEINE LUNE

Convocation des Collèges électoraux. — Nomination des députés de département et d'arrondissement à la Chambre des Représentants le 10 mai 1815. — Election des maires et des adjoints par les Assemblées primaires des Communes ayant moins de cinq mille habitants.

I

La nomination d'une Chambre des députés formait avec l'acte additionnel aux Constitutions de l'Empire les parties essentielles des réformes promises par Napoléon à son passage à Lyon. Le 20 avril, il rendit un décret où il était annoncé que quatre jours après sa réception au chef-lieu des départements, les électeurs des collèges de département et d'arrondissement se réuniraient en assemblées électorales au chef-lieu de chaque département et de chaque arrondissement. Il était dit que pour cette année-là, le doyen d'âge présiderait l'ouverture de l'assemblée, que le plus jeune exercerait les fonctions de secrétaire et que les trois plus âgés après le président seraient scrutateurs. Chaque assemblée ainsi organisée provisoirement nommerait son président ; elle désignerait aussi deux secrétaires et trois scrutateurs. Ces choix se feraient à la majorité absolue.

On procédera ensuite, ajoutait le décret, aux élections des députés à la Chambre des Représentants. Les préfets des villes chefs-lieux d'arrondissements commerciaux, convoqueront sur le champ la Chambre de Commerce et les Chambres consultatives pour établir les listes de candidats sur lesquels les représentants de l'industrie commerciale et manufacturière doivent être élus par les collèges électoraux appelés à les nommer. Les députés élus par les assemblées électorales devront se rendre à Paris pour assister à l'assemblée du Champ de Mai et composer la Chambre des Représentants.

Dès qu'il eut reçu ce décret, le préfet de l'Allier, Pougeard du Limbert, prit un arrêté — le 4 mai suivant — par lequel il convoquait les membres du collège électoral de département, à Moulins le mercredi 10 courant, à midi, dans une des salles de la mairie, à l'effet d'y nommer deux députés à la Chambre des Représentants.

Les électeurs des collèges d'arrondissements étaient également convoqués le même jour, 10 mai et à la même heure que dessus au chef-lieu de leur circonscription respective, savoir :

Ceux de l'arrondissement de Moulins, dans une des salles du ci-devant collège et ceux des trois autres arrondissements dans les locaux désignés par les sous-préfets, à l'effet de nommer chacun un député pour la Chambre des Représentants.

Le 3 mai, l'Empereur rendait un nouveau décret par lequel, pour cette seule élection, les membres de la Légion d'honneur, jusqu'au grade d'officier, inclusivement, avaient droit d'être admis aux collèges électoraux de département, et les légionnaires à ceux d'arrondissement et qu'ils seraient autorisés à voter sur la simple présentation du brevet de leur nomination dans l'ordre de la Légion d'honneur.

En donnant connaissance de ce décret au préfet de l'Allier — le lendemain 4 mai — le ministre de l'Intérieur Carnot lui fit observer que le nombre des membres de la Légion d'honneur, jusqu'au grade d'officier, admis à voter dans le collège électoral de département, était fixé à vingt-cinq, et que celui des chevaliers autorisés à faire partie des collèges d'arrondissement ne devait pas dépasser trente. En même temps, il lui fournissait la liste des membres de la Légion d'honneur qui étaient adjoints au collège de son département. C'étaient :

Fressinet, lieutenant-général, « commandant » de la Légion d'honneur.

Digeon, lieutenant-général, « commandant » de la Légion d'honneur.

Paquier, chef de bataillon, commandant le premier bataillon de réserve du Haut-Rhin, officier de la Légion d'honneur.

Dufay, adjudant commandant, officier de la Légion d'honneur.

Savarin, chef de bataillon de la vieille garde, officier de la Légion d'honneur.

Moreau Louis-Auguste, chef de bataillon au 13° d'infanterie légère, officier de la Légion d'honneur.

Denipré, chef de bataillon au 13° d'infanterie légère, officier de la Légion d'honneur.

L'Ecurel, major au 12° d'infanterie légère, officier de la Légion d'honneur.

Legrand J.-Baptiste-Henry, ancien colonel, « commandant de la Légion d'honneur.

Viofogne, chef d'escadron au 12e dragons, officier de la Légion d'honneur.

Biovex, président du 2e conseil de guerre, officier de la Légion d'honneur.

Griois, colonel, directeur d'artillerie, « commandant de la Légion d'honneur ».

Penn, maréchal de camp, « commandant » de la Légion d'honneur ».

Boivin, maréchal de camp, « commandant » de la Légion d'honneur.

Tougagnel, adjudant commandant, officier de la Légion d'honneur.

Dornier, chef de bataillon au 26e de ligne, officier de la Légion d'honneur.

A cette liste furent ajoutés :

De Richemond (L.-A.), maréchal de camp, officier de la Légion d'honneur ; le baron Hennequin, maréchal de camp, « commandant » de la Légion d'honneur ; Lorin Jean-Louis-François, ex-chef de bataillon au 18e d'infanterie légère, officier de la Légion d'honneur ; Chabot, inspecteur général des écoles de droit, officier de la Légion d'honneur ; le lieutenant général Sauret, « commandant » de la Légion d'honneur ; Morio de l'Isle, maréchal de camp (3e division militaire), « commandant » de la Légion d'honneur.

Les additions à la liste des membres des collèges électoraux d'arrondissement furent beaucoup moins nombreuses. On adjoignit, soit pendant, soit avant ou après le scrutin du 10 mai, dans l'arrondissement de Moulins : Calame Frédéric, ex-capitaine au 4e régiment de dragons : Perret Pierre, capitaine retiré du 7e de ligne ; Pouillien Jean,

lieutenant retraité ; Simonin, ancien maréchal
des logis ; Touchevier Jean ; à Montluçon, Fournier Aimé-Raymond, receveur particulier des
finances ; Leroux Charles-François, capitaine
retraité ; à Lapalisse : Le Baron Desbrest, ex-colonel, sur la présentation de son brevet de la Légion
d'honneur.

II

Le 10 mai, à midi, les opérations électorales du
collège de département commencèrent à Moulins,
dans une des salles de la mairie, sous la présidence provisoire de Defavières, président du conseil général, doyen d'âge de l'assemblée. Destutt
de Tracy, étant le plus jeune des membres présents, fut désigné comme secrétaire provisoire.
Berthomier de la Vilette, Joly père et Fanget d'Ebreuil étant les plus âgés après le président, vinrent ensuite s'asseoir près de lui en qualité de
scrutateurs.

On procéda immédiatement au choix du bureau définitif. A ce moment-là, le chef d'escadron Tessier, officier de la Légion d'honneur et
porteur d'un brevet visé par le préfet, fut autorisé à déposer son bulletin.

Pour l'élection du président, il y eut soixante-quatre votants. Defavières ayant obtenu cinquante-et-un suffrages, fut proclamé président
définitif. Pour celle de secrétaire, Burelle, conseiller de préfecture, ayant eu cinquante-deux
voix, fut déclaré élu.

La lutte fut chaude pour la nomination des
scrutateurs. Ceux qui recueillirent le plus de suf-

frages furent : Joly père (30), Berthomier de la
Vilette (24), Fanget et Cossonnier, chacun 14.

Au second tour de scrutin, Destutt de Tracy eut
39 voix sur 53 votants et prit place au bureau
comme scrutateur définitif. Puis la séance fut
levée et renvoyée au lendemain.

Le 11 mai, le collège électoral de département
se réunit à 8 heures du matin dans la salle qu'il
avait occupée la veille et procéda à l'élection des
deux autres scrutateurs. Berthomier de la Vilette
obtint 78 voix et Fanget d'Ebreuil 77 sur 83 votants et furent élus. Le bureau étant ainsi défi-
nitivement constitué, le président donna lecture
du serment qui le concernait personnellement. Il
était ainsi conçu : « Je jure d'obéir aux Constitutions de l'Empire et aux règlements émanes de
l'Empereur pour leur exécution, d'être fidèle à la
personne de l'Empereur et de me conformer aux
instructions qui me seront données ; de maintenir
l'ordre dans le collège électoral que je préside ;
de ne pas souffrir qu'il s'occupe d'autres objets
que de ceux qui sont prescrits par le décret de
convocation ; de ne tolérer aucune coalition ten-
dante à capter ou gêner les suffrages ; de ne rien
faire par haine ou par faveur ; de clore la session
aussitôt que les opérations, dont le collège est
chargé, seront terminées ; enfin d'exercer mes
fonctions avec zèle, exactitude et impartialité ».

Après que Defavières eut prêté ce serment, chaque électeur jura obéissance aux Constitutions de
l'Empire et fidélité à l'Empereur et déposa son
vote. Robichon, major retraité à Moulins, et de
Beauvais, chef de bataillon à Gannat, tous deux
officiers de la Légion d'honneur, se présentèrent

alors au bureau, et, sur le vu de leurs brevets, furent admis à prendre part au scrutin.

Il y eut 90 votants. Camus-Richemond eut 28 voix, Claustrier 24, Cossonnier 18, Burelle 17 et Dalphonse 15.

Aucun d'eux n'ayant obtenu la majorité absolue, on procéda à un nouveau scrutin.

A ce second tour, il y eut 83 votants. Camus-Richemond eut 51 suffrages et Claustrier 45. L'un et l'autre, ayant eu la majorité absolue, furent déclarés élus députés du collège électoral de département. Ces deux personnages ayant leur domicile dans l'Allier, il n'y eut pas lieu de désigner des suppléants.

Le maréchal de camp Camus-Richemond était originaire de Montmarault, mais il était peu connu en Bourbonnais pour n'y avoir guère séjourné depuis son enfance. A sa sortie de l'école d'Effiat, il entra à celle de Metz, puis fut versé dans l'armée en qualité d'officier du génie et fait prisonnier à Manheim.

A sa rentrée en France, il fut employé dans les bureaux du Ministère de la Guerre et envoyé peu après comme capitaine à l'armée d'Italie, afin d'élever les fortifications d'Ancone. De cette ville, il alla à Corfou et à Prevesa (Albanie), où il fut blessé grièvement et fait prisonnier par les Turcs qui l'emmenèrent à Constantinople, où il fut racheté par son père, moyennant une forte rançon.

A son retour en France, il fut nommé colonel et reçut l'ordre de se rendre à l'Ile-de-France (Maurice) comme directeur des fortifications. Ayant été obligé de revenir dans son pays pour cause de maladie, il fut fait prisonnier en mer par les Anglais. Lorsqu'il eut recouvré sa liberté, l'Empereur lui confia en 1813 le poste important de directeur des fortifications de Dantzick. Après la reddition de cette place, il prit le chemin de Mayence, mais il fut arrêté à Francfort et ne put rentrer en France qu'après le départ de Napoléon pour l'Ile d'Elbe.

Pendant la première Restauration, il fut nommé, par le Roi, commandant de l'école militaire de Saint-Cyr. Aussitôt après le retour de l'Empereur à Paris, il donna sa démission et fut rappelé à l'activité comme maréchal de camp du génie, par le ministre de la Guerre.

Il est difficile de trouver chez un officier général des états de service plus brillants.

Lorsque le maire de Montmarault, Boucaumont, apprit que Camus-Richemond était élu représentant, il écrivit au préfet de l'Allier, Pougeard du Limbert : « En nous l'accordant pour député, l'assemblée électorale de département a rendu justice au mérite. Ce n'est pas parce que c'est mon compatriote que je le loue, mais bien parce qu'il a des talents rares. Il n'est pas en ce moment bien connu de son département, parce qu'il a eu des malheurs, mais j'espère que dans la suite, il se fera connaître de ses concitoyens ».

Le second député de l'Allier, Claustrier, avait fait toute sa carrière dans la politique. Sous le Directoire, il fut nommé membre de l'Administration centrale et y resta jusqu'au 18 brumaire. Pendant toute la durée de ses fonctions, il se fit remarquer par la modération de ses opinions, la sûreté de son jugement et son souci pour les intérêts du département. Il n'eut qu'une seule défaillance, ce fut le 18 fructidor an V.

Fasciné comme tant d'autres par la gloire de
Bonaparte, il accueillit le Consulat avec joie, se
rallia à l'Empire et fut nommé secrétaire général
de la préfecture de l'Allier, poste qu'il occupa
jusqu'au moment où il fut élu député.

Tous ces détails sur Camus-Richemond et
Claustrier nous ont semblé indispensables à connaître avant de raconter la suite de la séance du
11 mai. Aussitôt après la rédaction du procès-
verbal, un cri général se fit entendre dans la
salle : « Votons une adresse à l'Empereur pour
lui protester de notre dévouement ». Le président
Defavières fit alors remarquer que l'assemblée
n'avait à s'occuper que de l'élection des députés,
et qu'il fallait examiner si cette adresse était conforme à la loi et aux instructions ministérielles.
L'affirmative ayant été prononcée, il fut décidé
que le secrétaire, auquel se réuniraient tous les
membres du collège qui le désireraient, rédige-
rait une adresse à l'Empereur qui serait soumise
à l'assemblée dans une séance du soir et on se
sépara à trois heures de l'après-midi pour se réunir à nouveau à sept heures et en entendre la
lecture.

Cette adresse était ainsi conçue :

« Sire,

Les membres du collège électoral du département de l'Allier, réunis en exécution du décret
de Votre Majesté du 30 avril, ne croient pas excé-
der les limites prescrites à l'exercice de leurs fonctions en vous priant d'agréer l'expression du dévouement et de la reconnaissance de tous les
citoyens du département. Ils ont partagé la joie
de la France, lorsque vous avez repris les rênes

de l'Empire envahi par d'avides étrangers, voulant s'en faire un prétexte pour le démembrer et le soumettre à l'esclavage. Leurs menaces ne peuvent que nous attacher davantage à votre personne et à votre dynastie. Les français commandés par vous n'ont rien à craindre, ils sauront faire respecter leur indépendance. Puissent nos ennemis, en voyant la résistance qui se prépare sur tous les points, renoncer à leurs projets téméraires et laisser croître parmi nous, l'olivier de la paix. C'est alors qu'à l'ombre de la nouvelle constitution et par l'influence de vos grands talents, nous verrons au dehors la France reprendre sa considération politique et dans l'intérieur un gouvernement ferme s'attacher, non pas à balancer les factions, mais à les détruire jusque dans leurs plus profondes racines. »

La lecture de cette adresse provoqua des applaudissements nourris et l'assemblée arrêta que son président, Defavières, invité à se rendre à la cérémonie du Champ de Mai, remettrait à l'Empereur le procès-verbal de cette dernière séance, en s'adjoignant les membres de la députation et les élus du département qu'il jugerait à propos de désigner.

III

Pendant que le collège électoral de département allait se réunir à l'Hôtel de Ville, celui de l'arrondissement de Moulins se rendait dans la salle d'audience de la Cour d'assises, également le 10 mai, à midi, à l'effet de nommer un député.

L'atmosphère était, là, chargée d'électricité. Chacun semblait prêter l'oreille à ce qui se passait dans l'enceine voisine, décidé à subordonner son vote à la décision qui y serait prise.

Le bureau provisoire fut constitué ainsi : Baravaud Pierre, propriétaire, fermier en la commune de Bourbon-l'Archambault, président, comme étant le plus âgé ; Bougarel François-Antoine fils, notaire, secrétaire, parce qu'étant le plus jeune ; Gay Lameignance Pierre, propriétaire et maire de Molinet ; Bigot-Longeville Laurent, propriétaire à Deux-Chaises ; Grand Pierre-Gilbert, notaire et maire de Saint-Léopardin, se trouvant les plus vieux après le président, prirent place au bureau en qualité de scrutateurs.

Le secrétaire provisoire, Bougarel fils, donna ensuite lecture de la liste des électeurs inscrits s'élevant à 134, mais par suite du décès de Lenas Jacques, de la Chapelle-aux-Chasses, elle était réduite à 133. Puis il fit l'appel nominal et il constata qu'il n'y avait que 57 électeurs présents dans la salle.

On procéda ensuite à l'élection du bureau définitif. Il y avait sur la table trois urnes : une pour le président, une pour le secrétaire et une pour les trois scrutateurs qui devaient être portés sur le même bulletin.

Le premier tour de scrutin, tant pour le choix du président que pour celui du secrétaire et des scrutateurs, ne donna aucun résultat.

Le président provisoire Baravaud déclara alors à l'assemblée qu'il y avait lieu de procéder immédiatement à un nouveau vote. A ce moment, se présenta Calame Frédéric, capitaine en retraite, légionnaire, qui demanda son inscription comme membre du corps électoral, et l'obtint sans opposition.

On fit ensuite circuler les urnes, puis on les vida et on constata qu'il y avait dans celle du président 51 bulletins. On les déplia et on constata qu'Ossavy Germain, juge au tribunal de première instance de Moulins, avait obtenu la majorité absolue. Il fut proclamé président.

Pour le choix du secrétaire, il n'y eut que 36 votants. Bougarel fils ayant eu 27 voix fut déclaré élu. Mais pour la désignation des scrutateurs, le résultat fut négatif faute d'entente entre les différents groupes d'électeurs qui, les uns et les autres, étaient fort animés et très exclusifs.

Le lendemain, 11 mai, à 9 heures du matin, le collège électoral de l'arrondissement de Moulins se réunit à nouveau en la salle d'audience de la Cour d'Assises, et l'un des scrutateurs, Grand, s'étant trouvé indisposé, fut remplacé par Bougarel père, ancien notaire, parce qu'il était le plus âgé des électeurs présents. Simonin, ancien maréchal des logis retraité, Carret, capitaine, aussi en retraite, Pouillien Jean, lieutenant retraité, Touchevier Jean, ex-caporal au 53ᵉ de ligne, tous légionnaires, se présentèrent alors au bureau et furent inscrits comme membres du corps électoral.

Après une nouvelle lecture du décret de convocation, on s'aperçut qu'il fallait nommer deux secrétaires au lieu d'un seul et on procéda à la hâte au scrutin pour le second. Sur 44 votants, Jutier Antoine, procureur impérial du tribunal de première instance, obtint 23 voix et fut proclamé élu. Pour la nomination des scrutateurs, il y eut 45 votants : Bougarel père recueillit 36 suffrages, Charles Louis, juge au tribunal de Moulins, le même nombre, et Barthélemy Coste, ex-négcciant, président du tribunal de commerce de Moulins, 38. Tous les trois étaient nommés scrutateurs.

L'union était faite parmi les électeurs. Il est a croire que la nuit avait porté conseil et avait amené à résipiscence les plus récalcitrants d'entre eux. Le bureau définitif était constitué ainsi qu'il suit : Ossavy, président, Bougarel fils et Jutier, secrétaires, Bougarel père, Charles et Coste, scrutateurs. Le président prêta le serment exigé de lui, fit prêter aux électeurs celui auquel ils étaient astreints, et donna lecture de l'acte additionnel et des instructions ministérielles postérieures. Puis il instruisit l'assemblée que le but de la convocation était l'élection d'un député à la Chambre des représentants et il invita les membres présents à y procéder sans délai.

Jutier fit aussitôt l'appel nominal, 48 électeurs répondirent présents. Burelle, conseiller de préfecture à Moulins, obtint 28 voix et fut déclaré élu. On ne pouvait faire un meilleur choix à tous égards. Burelle était un patriote ardent, un fonctionnaire intelligent, actif et très au courant des affaires administratives.

IV

L'élection d'un député dans l'arrondissement de Montluçon donna lieu à des surprises tout a fait imprévues, non pas à cause d'incidents qui auraient pu se produire pendant le cours des opérations, mais par suite du caractère du scrutin final.

Le 10 mai 1815, à dix heures du matin, les électeurs se réunirent dans la salle du conseil municipal de Montluçon, convoqués individuellement par le baron de la Varenne, remplissant par intérim les fonctions de sous-préfet à la place d'Amelot, gravement malade.

Antoine-Gilbert-Joseph-Nicolas Fourreton de Margelay, officier retraité, domicilié dans la ville même de Montluçon, étant le plus âgé de tous ses collègues présents, prit place au bureau comme président provisoire, et Raymond Fournier, receveur particulier des finances, se trouvant le plus jeune, fut désigné comme secrétaire. François Meusnier-Desgouttes, avocat à Montluçon, Claude-François Alix, notaire et maire d'Huriel, et Georges Momet, juge de paix de Marcillat, prirent place à côté du président en qualité de scrutateurs provisoires.

On plaça sur le bureau « trois boîtes » à double serrure, l'une pour le choix du président définitif, l'autre pour celui du secrétaire et la troisième pour la nomination des scrutateurs, puis on procéda à l'élection du bureau. On trouva 54 bulletins dans chacune des trois boîtes. Fourreton de Margelay obtint pour la présidence vingt-deux suffrages ; Dalmasse, desservant de la succursale de Lignerolles, 13 ; Duprat, 8 ; Fournier, 5 ; Duchet, 2 ; Fourneau de Crébert, 3 et Jomard, 1. Dans les autres boîtes réservées à l'élection du secrétaire et des trois scrutateurs, les suffrages se portèrent sur une grande variété de noms, de telle sorte que personne n'ayant obtenu la majorité absolue, on dut procéder à un second tour de scrutin.

Fourreton de Margelay se leva alors et pria les électeurs de ne pas lui accorder leurs suffrages, attendu que son grand âge ne lui permettait

pas d'exerce · utilement les fonctions présiden-
tielles. A ce second scrutin il y eut également 54
votants. Charles Duprat, juge de paix de Montluçon, obtint 33 voix, Dalmasse 11, Fournier 6,
Besse 2 et Fourreton de Margelay 2. Charles Duprat, ayant eu la majorité absolue, fut proclamé
président définitif.

A l'élection du secrétaire il y eut pareillement
54 votants. Fournier, receveur particulier des
finances, recueillit 33 suffrages, Delannois, greffier de la justice de paix d'Hérisson, 15, Momet,
2, Besse, 1. Fournier ayant eu la majorité absolue, était élu secrétaire.

La désignation des trois scrutateurs ne fut pas
autant disputée que les précédentes. Sur 54
votants, Meusnier-Desgouttes obtint 39 suffrages,
Lespinard 36 et Alix 31, et furent tous élus. Le
bureau définitif était constitué.

Après les serments d'usage, à l'égard du président d'abord et des membres du collège électoral
ensuite, Charles Duprat annonça à l'assemblée
qu'on allait procéder à la nomination d'un député
à la Chambre des Représentants. Peu avant l'ouverture du scrutin, Fournier, capitaine de dragons, chevalier de l'Empire, Charles-François
Leroux, capitaine au 13ᵉ de ligne, Marien Debloux, également capitaine, J.-Bte Meusnier,
lieutenant en activité, François Artigaud, chef de
bataillon en activité, tous membres de la Légion
d'honneur, vinrent demander leur inscription sur
la liste électorale et furent admis à déposer leurs
bulletins.

Le dépouillement du scrutin donna les résultats suivants : Votants : 65 ; Regnard, président
du tribunal de première instance, ancien consti-

tuant, 21 voix ; Duprat, juge de paix, 14 ; Claus-
trier, secrétaire général de la préfecture, 9 ;
Fournier, receveur particulier, 7 ; Hennequin, de
Montmarault, 3 ; Berthomier, 2 ; le baron de la
Varenne, 2 ; Cornat, procureur impérial, 2 ;
Chabot, de l'Allier, 2 ; Besse, 1 ; Boisrot de La-
cour, 1 ; Bedock, 1.

Aucun des candidats n'ayant obtenu la majorité absolue des suffrages, le président leva la
séance à 5 heures du soir. A 7 heures, elle fut
reprise, mais le second tour de scrutin ne uonna
pas de résultat meilleur que le premier. Toutefois, il fournissait une indication ; la lutte se cir-
conscrivait entre deux candidats également favorisés. Il n'y eut cette fois-là que 59 votants. Regnard eut 20 voix, Duprat 20, Hennequin 9,
Claustrier 8, Cornat 1, Besse 1. La majorité absolue n'ayant pas été atteinte, on procéda immédiatement à un troisième tour de scrutin. Sur 57
votants, Charles Duprat obtint 30 suffrages, Regnard 27. Charles Duprat était élu député contre
toute attente, car ce magistrat était peu connu
dans l'arrondissement et n'avait aucun passé politique retentissant qui put attirer sur lui l'attention des électeurs et mériter leur faveur.

V

Dans l'arrondissement de Gannat, la lutte fut
aussi vive qu'à Montluçon et le résultat fut tout
autant déconcertant, mais à un point de vue tout
à fait différent.

Le 10 mai, à 9 heures du matin, les membres
du collège électoral se réunirent à la mairie de

Gannat afin d'élire un député à la Chambre des Représentants, ainsi que tous leurs collègues des autres arrondissements de l'Allier. L'assemblée se forma sous la présidence provisoire de Morio, propriétaire à Chantelle et doyen d'âge. Gilbert-Nicolas Lacodre Montpansin étant le plus jeune des assistants, prit place au bureau comme secrétaire ; Joseph Rougane, propriétaire et maire de Vesse ; Jean Desrolines Dufay, ancien officier d'infanterie, et Nicolas Droiteau, habitant l'un et l'autre à Saint-Pourçain-sur-Sioule, furent désignés comme scrutateurs, étant les plus âgés après le président.

On procéda ensuite à l'élection du bureau définitif. Il y eut 54 votants. Le premier tour de scrutin ne donna pas de résultat. Au second, il y eut un votant de plus, mais sans plus de résultat. Il fallut procéder au scrutin de ballottage, pour la présidence entre Morio et Hatier d'Harpeux qui avaient obtenu le plus de voix ; savoir, le premier 13 et le second 16 ; pour le secrétariat des séances de la session du collège électoral, entre Delacodre-Montpansin et Rozier, notaire, l'un ayant eu 10 suffrages et l'autre 12 ; et enfin entre Rougane, Renaudet et Droiteau, d'un côté et Desrolines-Dufay, Lesbre et Hatier d'Harpeux de l'autre qui avaient été les plus favorisés dans les scrutins antérieurs pour être scrutateurs, à savoir Rougane 19 voix ; Renaudet 15 ; Droiteau 12 ; venaient ensuite sur la liste opposée Desrolines-Dufay 11 ; Lesbre 11 ; Hatier d'Harpeux 10.

A ce troisième tour de scrutin, il y eut 45 votants. Furent élus : président, Morio, propriétaire à Chantelle ; secrétaire, Rozier, notaire à Ebreuil ; scrutateurs, Joseph Rougane, propriétaire à

Vesse, Jean-Baptiste Renaudet, notaire à Laroche-Braussat, et Pierre Lesbre, notaire à Ebreuil.

Après la prestation des serments habituels et le dépouillement de la correspondance, le président Morio déclara le scrutin ouvert pour l'élection du député. Votants : 55 ; aucun des candidats n'ayant obtenu la majorité absolue, on procéda à un second tour dans la forme ordinaire. Cette fois là, il y eut 58 votants. François Givois, avocat, propriétaire à Vesse, obtint 20 voix ; Hatier d'Harpeux, juge de paix à Saint-Pourçain, 18 ; les vingt autres voix se portèrent sur des électeurs qui n'avaient aucune chance de réussir. Gannat et Saint-Pourçain étaient aux prises ; laquelle de ces deux villes triompherait au scrutin de ballottage ? Les groupes tinrent des conciliabules, se concertèrent et on alla aux voix. François Givois obtint 33 suffrages et Hatier d'Harpeux 27. François Givois, ayant obtenu la majorité absolue, était élu député à la Chambre des Représentants.

Ce choix était déplorable, à cause des antécédents de l'heureux vainqueur. Pendant la Révolution, il avait été successivement procureur syndic et agent national du district de Cusset. Durant ses fonctions, il s'y fit remarquer, au moment de la Terreur, par sa cruauté et sa cupidité. Il envoya à l'échafaud des innocents et dépouilla des familles entières de leurs biens. La bassesse de ses sentiments, l'absence de toute moralité étaient loin d'être compensées par sa valeur intellectuelle, qui était réelle.

VI

Le Collège électoral de l'arrondissement de Lapalisse se réunit le 10 mai dans une des salles de l'hospice de cette ville. Le bureau provisoire fut composé ainsi : Jacques Bezard, chirurgien, demeurant à Lapalisse, président, Pierre Moulin et Etienne Moulin, domiciliés à Saint-Gérand-le-Puy et Jean Laplace, propriétaire au Mayet- de-Montagne, scrutateurs ; Jacques Gonnard des Echauds, de la commune de Ferrières, secrétaire. Il fut donné ensuite connaissance à l'assemblée, des instructions ministérielles et autres correspondances émanant de sources différentes, puis de la liste collationnée des membres du Collège transmise au président par le sous-préfet Cossonnier, laquelle portait le nombre des inscrits à quatre-vingt neuf, non compris Gilbert-Edme-François Desbrest, colonel, demeurant à Cusset, Charles-Antoine Bellot, résidant au Donjon, qui furent admis à voter comme membres de la Légion d'honneur, et Claude Devaulx de Chambord qui avait été oublié.

Après que toutes ces formalités furent accomplies par le secrétaire provisoire, on procéda à la nomination du bureau définitif. Votants : 55 ; majorité absolue, 26. Pour la présidence, Louis-Edmond Bourachot, propriétaire au Donjon, 29 voix, élu ; pour les fonctions de scrutateurs, Reignier-Trayon, suppléant de la justice de paix du canton de Lapalisse, 30 ; Alexis-Moulin Debord, procureur impérial à Cusset, et Pénin, secrétaire de la sous-préfecture de Lapalisse, 28 chacun. Ils étaient élus les uns et les autres ; pour le secrétariat, Cyr-Pierre-Claude Boyron-Rozier, avoué à

Cusset, et Jean-François-Louis Bourachot l'aîné, propriétaire au Donjon, obtinrent chacun 30 voix et furent nommés.

Le président Louis-Edmond Bourachot, après avoir pris place au bureau et prêté le serment, recommandé par le Ministre de l'Intérieur, proposa à l'assemblée de voter une adresse à l'Empereur avant de s'occuper de l'objet de la convocation. Cette proposition fut acceptée à l'unanimité. Mandon, maire de Saint-Gérand-le-Puy, le colonel Desbrest, Arloing, juge au tribunal de première instance, Forissier, propriétaire, et Desrenne, avoué, furent chargés de la rédiger et de la présenter à la signature des membres du Collège à l'une des prochaines séances.

A trois heures et demie de l'après-midi, on se sépara pour revenir à cinq heures et procéder à l'élection d'un député à la Chambre des Représentants. Cinquante-trois membres du Collège étaient présents. Tous votèrent. Burelle, conseiller de préfecture du département, eut 21 voix ; le colonel Desbrest, 8 ; Mandon J., 7 ; Boyron-Rozier, 5 ; Bourachot, conseiller général, 4 ; Turault, président du tribunal, 3 ; Moulin-Debord, procureur impérial, 2 ; Delaire, auditeur au conseil d'Etat, 1 ; Devaulx de Chambord, 1 ; Arloing, juge, 1.

Aucun des candidats n'ayant obtenu la majorité absolue, on procéda à un second tour de scrutin. Votants, 51, majorité absolue, 26 ; Burelle, conseiller de préfecture, 33 voix, élu.

La séance fut levée à neuf heures du soir pour être reprise le lendemain matin à neuf heures, afin de nommer un suppléant, parce que Burelle était étranger à l'arrondissement. Contrairement

aux instructions ministérielles et à la légalité la
plus élémentaire et la plus rationnelle, le Comité
chargé de la rédaction de l'adresse à l'Empereur
en présenta le projet et en donna lecture à l'assemblée, avant de procéder à l'élection du député
suppléant. En voici le contenu :

« Sire,

« Le Collège électoral de l'arrondissement de
Lapalisse, réuni pour l'élection d'un membre à la
Chambre des Députés, n'a point voulu se séparer
sans offrir à votre Majesté, l'hommage de son
dévouement et de sa reconnaissance.

« Pénétrés des principes sur lesquels elle vient
de reconstituer l'Empire, nous nous sommes attachés à seconder ses grandes vues.

« La France n'a rien à craindre de ses ennemis ; elle est invincible sous un chef de son choix ;
elle a renoncé aux conquêtes, votre Majesté l'a
déclaré.

« Nous ne voulons rien de nos voisins. Malheur
à eux s'ils intentaient à notre indépendance ! tous
les Français sont unis dans ce sentiment, leurs
cœurs et leurs bras sont à vous.

« Nous avons juré fidélité à l'Empereur et à la
Patrie, sur ces Constitutions qui garantissent les
droits de tous et qui proclament l'abolition de
cette noblesse héréditaire, la honte et l'affront
pour un peuple.

« Nous maintiendrons nos serments.
« Vive l'Empereur ! »

Après la lecture de cette adresse, qui provoqua
des acclamations répétées, le président Louis-Edmond Bourachot déclara le scrutin ouvert pour la
nomination du député suppléant. Votants : 48.

François-Gilbert-Edme Desbrest, colonel et membre de la Légion d'honneur et de l'Ordre Royal des deux Siciles, obtint 25 voix et fut proclamé élu.

Le colonel Desbrest appartenait à l'armée depuis l'âge de 18 ans. Il fit toute sa carrière en Italie où il reçut un coup de sabre sur le visage qui le défigura et le rendit incapable d'exercer un commandement actif. Appelé par le roi de Naples Murat à organiser avec lui l'armée napolitaine, il ne le quitta que pour revenir à Cusset en 1814. Bonapartiste dès la première heure, il resta fidèle à ses convictions jusqu'à la dernière. C'était un homme !

La consultation du peuple sur l'acte additionnel et la nomination des députés à la Chambre des Représentants, ne donna lieu dans l'Allier à aucune scène de désordre. Tout se passa même dans l'ordre le plus parfait. Le sous-préfet provisoire de Gannat, Loisel de Douzon, écrivait à Pougeard du Limbert, le lendemain même de la réunion du Collège électoral de son arrondissement : « L'assemblée a été très calme. Vu le peu de temps qu'ont eu les électeurs pour faire leurs dispositions, j'ai trouvé qu'il y avait assez d'empressement dans les campagnes. Plusieurs électeurs se sont plaints de la précipitation des élections. L'assemblée a commencé à dix heures et à quatre heures tout était terminé ». Les autres arrondissement observèrent la même tenue que celui de Gannat. Mais le chiffre des abstentions fut généralement de 50 à 55 pour cent. C'était une énigme redoutable pour le régime nouveau.

VI

Le 30 avril 1815, en même temps que l'Empereur désignait les membres des Collèges électoraux de département et d'arrondissement, il convoquait pour le 21 mai suivant, les assemblées primaires des citoyens actifs des communes ayant moins de cinq mille âmes, où les maires et les adjoints étaient nommés directement par le préfet. Cette consultation populaire n'était pas exempte de péril pour le régime nouveau à cause de l'état de l'esprit public pendant les Cent-Jours.

Dans ce décret du 30 avril, il était mentionné qu'aussitôt le résultat du scrutin connu, le procès-verbal en serait adressé au préfet qui pourvoirait à l'installation des officiers municipaux après leur avoir fait prêter serment d'obéissance aux Constitutions de l'Empire et de fidélité à l'Empereur. Là, était la pierre d'achoppement. Si les royalistes se rendaient en force aux salles de vote et choisissaient des gens de leur opinion, les préfets se verraient obligés d'annuler le scrutin et de procéder à une nouvelle élection qui pourrait donner le même résultat que la précédente.

Cet écueil fut évité en Bourbonnais, grâce à la sagesse de la classe moyenne de la population qui formait le plus gros contingent du corps électoral.

Le 6 mai, le préfet de l'Allier Pougeard du Limbert arrêtait que le décret impérial du 30 avril serait publié et affiché dans toutes les communes du département, que les maires convoqueraient pour le 21 du courant, soit à la mairie, soit dans l'église paroissiale après la messe, ou encore dans tout autre local convenable, les habitants âgés de 21 ans accomplis et inscrits sur le registre civique.

Le clergé, la noblesse et la haute bourgeoisie s'abstinrent d'une façon générale de se montrer dans les salles de vote, ce jour-là. Seuls, les villageois, les négociants, les petits bourgeois et les artisans se rendirent à l'appel du souverain. Malgré cette abstention systématique d'une fraction de la population, la plus faible il est vrai, le nombre des votants fut assez élevé.

Par suite du manque d'expérience des membres du bureau, il y eut un grand nombre d'irrégularités commises. Dans le seul arrondissement de Montluçon, les élections furent annulées dans 22 communes « parce qu'elles présentaient des vices trop contraires aux lois ». Ces communes étaient : Huriel, Saint-Bonnet-le-Désert, Theneuille, Le Vilhain, Cosne, Chazemais, Saint-Palais, Treignat, Mazirat, Arpheuilles, Terjat, Vaux, Deneuille, Prémilhat, Meaulne, Saint-Bonnet-de-Four, Commentry, Saint-Marcel-en-Murat, Saint-Priest-en-Murat, Chappes et Saint-Genest.

Dans les arrondissements de Moulins et de Gannat, il n'y eut que 12 communes où les élections furent cassées pour vice de forme. Ce furent : Buxières-la-Grue, Le Vernet-sur-Sioule, Cognat, Diou, Couzon, Chantelle, Coutansouze, Saint-Rémy, Taxat, Treban, Le Veurdre, Meillard. A Espinasse, il en fut de même, mais par suite de fraude. Sur l'expédition du procès-verbal de l'élection du maire, on avait substitué de mauvaise foi le nom de Jean Desgouttes, fils de Pierre, à celui de Louis Becquemie, quoique ce dernier eut obtenu un nombre plus élevé de suffrages que son concurrent.

S'il n'y eut nulle part de tapage et de querelles en Bourbonnais, il se produisit à Beaulon un incident d'une certaine gravité, qui mérite la peine d'être conté. Le maire de cette commune de 1.276 habitants, Jean-Baptiste Bayon et son adjoint Barthélemy Marmet étaient des royalistes « effrénés » qui ne voyaient le salut de la France que dans le retour de Louis XVIII sur le trône. Ils avaient refusé dédaigneusement, l'un et l'autre, de prêter le serment requis par le décret du 8 avril précédent, et n'avaient pas jugé à propos de réclamer celui des membres du Conseil municipal et des autres fonctionnaires, notamment du percepteur et du juge de paix.

Lors de l'acceptation de l'acte additionnel aux Constitutions de l'Empire, il n'y eut que sept votants à Beaulon et parmi les abstentionnistes, se trouvaient le maire et l'adjoint. Cette commune comptait 12 électeurs dans le Collège de département et celui de l'arrondissement de Moulins, dont Jean-Baptiste Bayon, ses trois frères, le juge de paix et son greffier. Aucun d'eux n'alla voter pour la nomination des députés à la Chambre des Représentants. Enfin, la municipalité avait commis la négligence coupable de porter sur la liste des gardes nationaux mobilisés « plusieurs individus » que leur âge et leurs aptitudes physiques ne pouvaient dispenser du service militaire.

En rapprochant ces divers faits, en analysant ces manquements au devoir, le préfet de l'Allier décida « que l'autorité administrative, dans les circonstances présentes, ne devait plus être exercée à Beaulon par des citoyens qui paraissaient n'en faire usage que pour paralyser le service et faire obstacle aux vœux des habitants ». Et, le 13 mai 1815, il suspendit de leurs fonctions Bayon et Marmet et nomma maire, Léon Chartier et François Mordon, adjoint.

Le conseiller de préfecture Ruffray fut chargé d'assurer l'exécution de cet arrêté. Ce diligent fonctionnaire se rendit le 14 au matin à Beaulon, installa la nouvelle municipalité provisoire, reçut son serment ainsi que celui des membres du Conseil municipal et des autres fonctionnaires publics qui ne l'avaient pas encore prêté. Puis il se retira sans avoir eu besoin de recourir à la garde nationale pour maintenir l'ordre autour de la mairie et lui permettre d'accomplir la mission qu'il avait reçue.

Le 21 mai, les citoyens actifs de la commune de Beaulon se réunirent « au son de la cloche » dans la principale salle d'habitation de François Mordon, afin de procéder au choix de la municipalité.

Par mesure de convenance on désigna Mordon comme président de l'assemblée. On nomma ensuite Merle fils, secrétaire, et Chartier, Torterat et Rogier scrutateurs. Puis on fit l'appel des citoyens actifs et on procéda à l'élection du maire par scrutin « individuel » et à la majorité absolue. Sur 115 votants, Charles Delafosse Beaugrand obtint 80 voix et fut proclamé élu. On passa ensuite au choix de l'adjoint, François Mordon ayant eu 80 suffrages fut également déclaré élu « par lui-même » en sa qualité de président du bureau.

Après ces deux scrutins, l'assemblée se sépara
au cri de : Vive l'Empereur ! Cette exclamation
toute spontanée ne manquait ni de signification, ni
d'élévation de sentiment à un moment où la destinée de la patrie était en jeu et où son sort allait
se décider sous peu dans les plaines de la Bel-
gique.

CHAPITRE IV

LA CHUTE D'HERCULE

**Le Champ de Mai et la fin du Gouvernement
des Cent-Jours. — Troubles à Moulins, les 22
et 25 juin 1815, à Liernolles le 28 et au Donjon
le 8 juillet.**

1

L'idée que conçut Napoléon de réunir à Paris,
en Champ de Mai les membres de la Chambre
des Représentants et les délégations des Conseils
généraux, pour assister sous sa présidence au recensement des votes sur le referendum populaire
concernant l'acte additionnel, ne manqua ni d'habileté, ni de noblesse. Imitant en cela Charlemagne, il voulut qu'entouré des membres de sa
famille, des grands dignitaires de la Couronne,
de l'armée, de la magistrature et revêtu du costume qu'il portait au moment du sacre, il voulut,
dis-je, assister sur le Champ de Mars au défilé de
toute une Nation qu'il connaissait depuis longtemps, mais dont il ignorait les sentiments depuis
son départ pour l'île d'Elbe. A la fin de la cérémonie, la distribution des drapeaux aux régi-
ments qui allaient partir incessamment pour la
frontière du Nord, provoquerait assurément parmi
la foule des élans d'enthousiasme qui viendraient

s'ajouter à la grandeur du spectacle. Il ne se trompait pas.

Le cérémonial du Champ de Mai était arrêté dans les grandes lignes, dès la première heure ; il restait à en déterminer l'exécution. Le 28 mars, le Ministre de l'intérieur Carnot avait attiré l'attention des préfets à ce sujet et leur avait donné une idée générale de cette imposante manifestation. Le 24 avril suivant, il entrait dans les détails de cette organisation du Champ de Mai et leur traçait la conduite qu'ils avaient à tenir dans leurs départements respectifs, ainsi que le rôle qu'ils avaient à remplir en cette circonstance et la tâche qui leur incombait. « Un décret du 22 avril, leur mandait-il, a convoqué pour le 26 mai prochain l'assemblée du Champ de Mai. Il l'a chargé du recensement des votes relatifs à l'acceptation de l'acte additionnel aux Constitutions de l'Empire.

« Vous inviterez les membres du Collège de votre département et ceux des Collèges d'arrondissement à arriver à temps. Vous leur délivrerez leurs cartes d'électeurs. Aussitôt après leur arrivée, ils devront se présenter au Ministère de l'intérieur où on leur indiquera le lieu qui leur aura été assigné pour la réunion des Collèges de leurs départements.

« Usez de votre influence pour que ceux à qui leur fortune et leurs occupations permettent de faire le voyage, répondent à cet appel du souverain. Cependant ne leur laissez pas ignorer qu'il n'est alloué aucune indemnité à ceux qui se rendent à Paris, pour assister au Champ de Mai. Faites en sorte qu'il y ait au moins douze membres du Collège de département et quatre de chacun des Collèges d'arrondissements qui se rendent à Paris.

Je désire connaître les noms de ceux qui s'y rendent.

« Vous n'aurez pas à vous occuper des députations des corps de l'armée ».

Le Préfet de l'Allier, comte de Rambuteau, suivit ponctuellement la ligne de conduite que lui avait tracée le Ministre de l'intérieur ; il adressa à chaque membre du Collège électoral de département et à tous ceux qui faisaient partie des Collèges d'arrondissement un extrait de la communication qu'il avait reçue en y joignant des considérations personnelles. Plusieurs promirent de se rendre à l'assemblée du Champ de Mai, quelques-uns déclarèrent qu'ils s'abstiendraient d'assister à cette solennité et les plus nombreux gardèrent le silence. Les voyages de Paris étaient alors longs, coûteux et fatigants, il fallait une circonstance de première nécessité et d'une urgence absolue pour les entreprendre. Du moment qu'aucune indemnité ne serait allouée aux membres des Collèges de département et d'arrondissement, il était de toute certitude que beaucoup d'entre eux hésiteraient à se déplacer à leurs frais.

Parmi les refus qu'essuya le Préfet de l'Allier, il en est plusieurs qui méritent d'être notés. Dès le 9 avril, Jean-Baptiste Gerzat, de Gannat, membre du Collège électoral, prévenait le Préfet « que malgré l'empressement qu'il aurait à se rendre au Champ de Mai, cela lui devenait impossible, ayant fait une chute de cheval le 3 du courant et s'étant fracturé le bras gauche ». Le 12, Aubert, propriétaire et maire de Jaligny, écrivait au même fonctionnaire : « Je viens de recevoir l'honneur de votre missive, par laquelle vous m'annoncez que l'Empereur appelle tous les membres

du Collège électoral du département. Je suis des
plus peinés de voir que je serai privé de cet avan-
tage. Il y a quelque temps, je fis une chute considérable où mon cheval me tomba entièrement
dessus. J'ai négligé jusqu'alors de prendre des
précautions et je souffre de plus en plus de dou-
leurs excessives. Dans le moment même où je vous
écris, je souffre considérablement et craindrais
de n'être d'aucune utilité à Paris étant souffrant ».
Le 18, Colin, du Breuil, motive son refus de la
façon suivante : « Je viens accuser réception, M. le
Préfet, de votre lettre du 5 avril courant par laquelle je suis convoqué, comme membre du Collège électoral de ce département, à l'assemblée
électorale du Champ de Mai.

« Je suis on ne peut plus reconnaissant de la
confiance que me donne en cela l'Empereur.
J'eusse été bien flatté de participer avec les autres
députés de la Nation, mes collègues, au but de
cette grande réunion.

« Dans tous les temps, je me suis honoré du
titre de bon citoyen, m'empressant de me rendre
utile à ma patrie. Mais aujourd'hui je me trouve
atteint de goutte et âgé de soixante-seize ans. Ces
deux infirmités me forcent donc à une grande
privation, puisque je ne pourrai concourir à l'importante mission réservée à mes confrères. Je vous
prie, M. le Préfet, d'être auprès du Gouvernement
l'interprète de mes regrets bien sincères ».

Le 24, c'est au tour de Joseph Ruët de répondre
au comte de Rambuteau, préfet de l'Allier : « J'ai
l'honneur de vous adresser ci-inclus un certificat
de maladie délivrée par M. Lépine, chirurgien au
Mayet-de-Montagne.

« Quoique l'état de ma santé ne me permette

pas de répondre à l'appel dont sa Majesté l'Empereur a daigné m'honorer, veuillez, je vous prie, M. le comte, me servir de fidèle truchement auprès de Sa Majesté et l'assurer par écrit que mon attachement à sa personne et aux Constitutions de l'Empire, est inviolable ».

A cette lettre était joint le certificat suivant délivré la veille par Lépine, chirurgien au Mayet-de-Montagne : « Je certifie qu'il est à ma connaissance que M. Ruët Joseph, est atteint d'une humeur pituiteuse, d'une toux habituelle parfois très violente, d'états spasmodiques fréquents suivis de fortes palpitations.

« Les précautions à prendre en pareil cas, étant un régime doux et calmant, il faut éviter les exercices de long cours, les intempéries de l'air et surtout le froid et la chaleur humides.

« M. Ruët a, en outre, un cautère au bras depuis plusieurs années. Ce cautère fut établi suivant l'avis des célèbres médecins Corvisart, Halley et Portal, membres de la faculté de médecine.

« Il me paraît donc impossible qu'il puisse entreprendre le voyage de Paris. Signé Lépine. Pour légalisation : le Maire, Desgarniers ».

Comme on devait s'y attendre, les royalistes militants profitèrent de la circonstance qui leur était offerte pour faire une démonstration hostile à la personne de l'Empereur et contraire aux vœux et aux désirs de l'administration. Mathieu (de Noyant), qui comptait plusieurs émigrés parmi les membres de sa famille, écrivait le 8 mai au préfet de l'Allier, Pougeard du Limbert : « Je n'ai reçu la lettre dont vous m'avez honoré que depuis deux ou trois jours, quoiqu'elle soit datée du 27 avril. Je n'ai point reçu votre circu-

laire du 5 du même mois. Au surplus, mon âge
et mes infirmités et plusieurs autres raisons ne
me permettent plus de faire le voyage de Paris
pour assister à l'assemblée extraordinaire du
Champ de Mai avec les électeurs du département.
Je vous prie, en conséquence, M. le baron, de ne
pas compter sur moi et de vouloir bien recevoir
mes excuses ».

Le lendemain 9 mai, le lieutenant général Sauret, qui avait accepté d'organiser un escadron de
volontaires à cheval royaux dans l'arrondissement
de Gannat, dès le retour de l'Empereur, et qui ne
reconnaissait pas la légitimité du gouvernement
des Cent-Jours, déclina en ces termes l'invitation
qui lui était faite par le préfet, de participer aux
opérations électorales : « J'ai reçu la lettre que
vous m'avez fait l'honneur de m'écrire en date
du 4 de ce mois, concernant l'assemblée des membres du collège électoral du département pour le
dix de ce mois. C'est avec peine que je me vois
privé de ne pouvoir assister à concourir aux choix
que feront ces messieurs, des deux députés pour
la Chambre.

« J'ai l'honneur, M. le baron, de vous faire
part que depuis le 5 de ce mois, je suis atteint
d'une sciatique, vieux reliquat de soixante ans de
services, que je ressens de temps en temps. »

Cette fin de non recevoir ne surprit personne,
le préfet, moins que tout autre, parce qu'il savait
le rôle qu'avait joué le lieutenant général Sauret
à Gannat avant le départ de Louis XVIII pour
Gand.

Le contrôleur principal des impositions indi
rectes de Gannat, Durochier des Loges, qui s'était
enrôlé un des premiers dans les gardes à cheval

royaux de l'arrondissement, crut devoir imiter l'exemple de son voisin, le lieutenant général Sauret, mais en invoquant des motifs d'un autre ordre. Il prétendit qu'il avait tellement de besogne à ce moment-là, qu'il ne pouvait pas s'absenter de son poste pour aller prendre part aux opérations électorales du collège de département. Citons plutôt la réponse qu'il fit au préfet de l'Allier à cette occasion : « Il m'est impossible de répondre à votre lettre du 4 mai, en me rendant à Moulins pour faire partie des électeurs qui doivent procéder à la nomination de deux députés pour la Chambre des Représentants. Depuis le 21 avril dernier, jour du décès du contrôleur principal des impôts indirects de l'arrondissement de Gannat, j'ai ordre de mon administration de faire l'intérim de sa place, cumulativement avec la mienne. Ces deux fonctions exigent ma présence continuelle ici..... »

Sauret et Durochier des Loges, refusant de faire partie du corps électoral de département, se dispensaient par cela même d'assister à l'assemblée du Champ de Mai à la grande satisfaction des royalistes du Bourbonnais.

La date du 26 mai, primitivement fixée pour la cérémonie qui devait avoir lieu sur le Champ de Mars, fut reportée au 1er juin, afin de permettre aux invités d'arriver à temps, car les registres déposés aux municipalités, chez les juges de paix et les notaires, sur lesquels étaient consignés les votes des communes concernant l'acte additionnel aux Constitutions de l'Empire, n'étaient pas encore tous parvenus aux mains de l'administration préfectorale le 25 mai, et dans quelques arrondissements de l'Empire, les députés étaient

à peine élus et les plus éloignés se trouvaient donc
dans l'impossibilité d'être à Paris en temps voulu
pour figurer au milieu du cortège officiel.

II

Pendant les Cent-Jours, l'ordre fut très troublé
en Bourbonnais. Le 20 mars on avait eu à déplo-
rer la mutinerie du 1er bataillon des grenadiers
de la garde nationale mobilisée, mais à ce moment-là, le gouvernement impérial n'était pas
encore organisé et installé. Après Waterloo, le
désordre succéda à l'émotion produite par les
résultats affligeants de cette terrible bataille. A
Moulins, où les royalistes étaient en grand nombre, il y eut du tumulte ; des brutalités furent
exercées ; des passants furent molestés et frappés
sur les promenades.

Le 22 juin, une foule de désœuvrés, composée
en majeure partie de bourgeois, déambulait sur
le cours Bérulle, s'entretenant avec animation des
événements du jour. Informée de la défaite de
l'armée du Nord et du retour précipité de Napoléon à Paris, les groupes de promeneurs se demandaient si la fin du régime impérial n'en
serait pas la conséquence et si cette nuit-là ne
serait pas la dernière que passerait le préfet en
son hôtel. Gais et joyeux ils ne s'inquiétaient pas
de ce que coûterait à la France le rappel de
celui qui avait dû prendre une seconde fois le
chemin de l'exil.

La veille il était arrivé à Moulins un bataillon
de conscrits de la Loire. Officiers, sous-officiers
et soldats, tous profondément dévoués à l'Empe-

reur, étaient dans un état de surexcitation extraordinaire. Sur quel point les menait-on ? Je ne peux
l'indiquer d'une façon précise, il est probable
cependant qu'on les dirigeait sur la Vendée où un
soulèvement venait de se produire et qu'ils ne
devaient pas tenir garnison à Moulins où la tranquillité publique n'était pas menacée. Peu importe
du reste, le degré de créance qu'on veuille accorder
à cette hypothèse.

Le 22 juin, une centaine de ces militaires vint
s'installer sous une tente dressée devant le café
Georges, qui était le seul établissement de ce genre
ouvert sur le cours d'Aquin. Plusieurs habitants
de la ville s'attablèrent à côté d'eux, — notamment
Bouguin et Diez — et lièrent conversation avec
ces étrangers en uniforme. A quelques pas de la
tente stationnaient deux décrotteurs de 13 ou 14
ans chacun qui insultaient indistinctement tous
les passants, sous n'importe quel prétexte. Il suffisait pour cela de leur donner quelques sous.

Vinville, vitrier à Moulins, qui, ce jour-là, bu-
vait de la bière avec le mégissier Bernard, entendit à un moment donné plusieurs soldats dire entre
eux que « dans la ville il y avait un grand nombre de chouans et d'aristocrates, qu'ils en avaient
été informés depuis longtemps et qu'ils voudraient
bien les connaître afin de les mettre à la raison ».
« A que cela ne tienne » fit l'un des deux décrotteurs, placé le plus près d'eux, et il leur montra
plusieurs personnes qui se promenaient sur le
cours d'Aquin en les désignant nominativement
comme étant celles qu'ils désiraient connaître. Ils
quittèrent alors leurs tables et se dirigèrent en
grand nombre, mais successivement, vers les promeneurs en criant : Vive l'Empereur ! et en obli-

geant chacun d'eux, soit par persuasion, soit par
menaces, à pousser la même exclamation.

Ces jeunes gens ne furent pas tous accueillis
de la même manière. Quelques promeneurs se
contentaient de se découvrir en riant sur leur passage, d'autres parlementaient avec eux et se
fâchaient, plusieurs déféraient à leurs désirs avec
conviction. Le juge de paix de Bourbon-l'Archambault, Calemard, sommé de crier : Vive l'Empereur, obéit sans difficulté et même avec un certain
plaisir. Le président du tribunal de commerce,
Barthélemy Coste, fit mieux encore. Il se décou-
vrit et poussa trois fois le cri de Vive l'Empereur,
et engagea ceux qui venaient de l'accoster d'en
faire autant. Tout confus ils se contentèrent de
faire le salut militaire et continuèrent leur chemin.

Autour de la tente du café Georges, l'agitation
était encore plus vive que dans la grande allée
du cours d'Aquin. Beaucoup de jeunes gens, dont
la tête paraissait être fortement montée, criaient
avec force : A bas les Royalistes ! A bas les
Chouans ! Vive l'Empereur ! Delageneste, propriétaire à Bresnay, qui passait par là, put cependant continuer sa route sans être insulté en por-
tant la main à son chapeau. De Tarade, ancien
capitaine de l'artillerie de la garde nationale de
Moulins, dont la compagnie avait été licenciée,
deux mois à peine après sa formation, fut au contraire conspué. A deux heures de l'après-midi, il
sortit de son jardin pour aller se promener ; chemin faisant il rencontra Dubois de Livry, contrôleur de la poste aux lettres, Pinturel fils, François Perraut, Garreau et le fils Coste. Ils lièrent
conversation ensemble et se dirigèrent vers le

cours Bérulle. Arrivés ensuite, à la hauteur de la
tente établie devant le café Georges, ils entendi-
rent des cris nourris de vive l'Empereur ! Suivis
aussitôt : d'à bas les Royalistes ! à bas les
Chouans ! Alors l'un des décrotteurs qui se trouvait à proximité de cette tente, se mit à hurler en
regardant de Tarade : « A bas le grand brigand !
Allons le guillotiner ! » Puis, montant sur sa sel-
lette, il hurla plus fort : « Va donc, grand filou !
Rends les canons que tu as volés, grand voleur ! »
De Tarade s'éloigna sans mot dire avec les personnes qui l'accompagnaient.

Le reproche que lui faisait ce décrotteur avait
quelque raison d'être. Après le licenciement de la
compagnie d'artillerie de la garde nationale, les
quatre canons qu'elle possédait furent amenés par
ordre à Nevers et on ne les revit plus à Moulins.
Inde iræ de la part de la population.

Jourdier de la Charme et Félix de Conny, ancien sous-préfet de Lapalisse sous la première
Restauration, n'en furent pas quittes à si peu de
frais. En traversant le Cours d'Aquin, entre deux
et trois heures de l'après-midi, ils furent entourés
et assaillis par une multitude de militaires armés
de bâtons qui les sommèrent de crier avec eux :
Vive l'Empereur ! Après un peu d'hésitation,
Jourdier finit par obéir, mais de Conny s'y refusa
absolument et leur répondit : M... On les sépara
alors l'un de l'autre. On laissa libre Jourdier et on
poussa violemment Félix de Conny dans le café
Georges en le tenant à la gorge, pendant que d'autres agresseurs. parmi lesquels se trouvait un
officier en uniforme, le maintenaient pár le pan
de son habit. Le voyant en danger, Jourdier chercha à le délivrer des mains des assaillants. Mal

lui en prit. La foule s'élança sur lui et lui porta des coups de poings et de bâtons qui l'étourdirent. Une fois revenu à lui, il s'approcha d'un officier qui paraissait être à la tête de cet attroupement et l'invita à mettre un terme à ces brutalités. « Retirez-vous, répondit celui-ci, ou je redouble », et il fit mine de mettre la main à son épée.

Le désordre était à son comble. Les tables, les chaises étaient renversées, les bouteilles et les verres brisés, soldats et civils criaient et s'invectivaient ; mais Félix de Conny était toujours entre les mains des perturbateurs. A ce moment-là, Engerant et Ruffray arrivèrent pour le protéger et parvinrent avec beaucoup de peine à désarmer quelques-uns des agresseurs et à les apaiser en criant avec eux : Vive l'Empereur ! En entendant tout ce tapage, le tenancier du café, le sieur Georges, qui se trouvait à dîner avec sa femme au premier étage, descendit précipitamment pour voir ce qui se passait. Cinq ou six individus tenaient de Conny au collet et par les manches de son habit et exigeaient qu'il criât : Vive l'Empereur ! Il s'approcha d'eux et les invita à laisser cet homme tranquille, leur promettant que quand il serait libre, il ferait ce qu'on demandait de lui. Madame Georges ayant aperçu Bouguin dans un coin de la salle, le pria d'unir ses efforts aux siens pour dégager Félix de Conny ; elle adressa la même prière à deux officiers qui se trouvaient à proximité et qui se prêtèrent avec empressement à son désir ainsi que Bouguin. Grâce à ces différents moyens, le prisonnier put recouvrer la liberté. Il sortit en toute hâte du café Georges par la porte de derrière, traversa la rue de la Corroierie et se réfugia maison Vernin, chez Madame

Dupuy, où les royalistes de toute marque avaient leurs grandes et petites entrées. Et il n'en sortit que pour aller porter plainte contre ses agresseurs inconnus.

Le lendemain de cette bagarre, dans laquelle il n'y eut fort heureusement aucune victime, ni même aucun blessé grièvement, le général Viallanes, commandant le département de l'Allier, prit la plume et écrivit au Maire de Moulins : « J'ai appris avec une véritable affliction la conduite du rassemblement tumultueux qui a eu lieu, hier, sur les Cours, et de plusieurs jeunes gens appartenant à un détachement de conscrits de 1815, venant du département de la Loire et dont Messieurs de Conny et Jourdier ont légitimement à se plaindre.

« Aujourd'hui, après ma revue de ce détachement, j'ai réuni les officiers et leur ai fait sentir combien la conduite des hommes sous leurs ordres, était coupab''. Ils en ont convenu avec moi et m'ont assuré que jusqu'alors ce détachement s'était bien conduit et qu'ils étaient portés à croire qu'il avait été travaillé à son arrivée à Moulins, par quelques ennemis de l'ordre...

« Vous me trouverez toujours disposé à tout faire pour le maintien de l'ordre, mais je dois vous dire que si les renseignements que j'ai reçus sont certains, M. de Conny ne serait pas sans reproches et aurait provoqué le tumulte par une réponse tellement impropre et dégoûtante que je ne me permettrai pas de la répéter. Il serait bon de l'engager à être plus mesuré à l'avenir ».

Le général Viallanes avait raison de dire au maire de Moulins que les conscrits de la Loire n'avaient point tous les torts et que de Conny

n'était pas exempt de tout reproche en lançant au
visage des conscrits de la Loire le mot en cinq lettres que Cambronne, peu de jours auparavant,
avait jeté à la face des Anglais à la bataille de
Waterloo. Mais il manqua de fermeté et de caractère en laissant à l'autorité civile seule le soin
d'établir les responsabilités de la victime et de
ses agresseurs. Le même jour — 23 juin — Bougarel, adjoint de la ville de Moulins, ouvrait une
enquête et convoquait en sa présence une douzaine de témoins de la scène tumultueuse du café
Georges. Tous étaient des civils ; pas un seul militaire n'avait été appelé à son cabinet, de telle sorte
qu'on ne peut pas se faire une complète idée sur
ce qui se passa le 22 juin sur les Cours entre deux
et trois heures de l'après-midi. Lorsque Bougarel
eut clos son information, il envoya les procès-
verbaux au procureur impérial du tribunal de
première instance de l'arrondissement de Moulins, Jutier, qui lui en accusa réception dans les
termes suivants : « Je reçois à l'instant les copies
des procès-verbaux de plaintes portées par MM.
Tarade, Jourdier et de Conny, ensemble la copie
de l'information à laquelle Monsieur le premier
adjoint a cru devoir procéder. Le zèle dont ce
magistrat a fait preuve dans cette circonstance,
comme officier de police auxiliaire, est infiniment
louable ; mais il aurait dû observer les formes et
me transmettre les plaintes en minutes, en se con-
formant aux articles 29, 31, 53 et 65 du code
d'instruction criminelle, en sorte que tout ce qu'il
a fait n'est pas régulier et ne peut valoir que
comme renseignement ».

Trois jours plus tard — le 29 juin — la minute
des dépositions des témoins dans cette affaire,

ainsi que les plaintes de Tarade, Jourdier et de Conny étaient entre les mains du Parquet et dormirent dans son bureau. L'entrée de Louis XVIII aux Tuileries le 8 juillet suivant, ne parvint pas à les réveiller.

Pendant les Cent-Jours, les patriotes de Moulins n'avaient pas eu à se louer de l'attitude du clergé vis-à-vis de l'Empereur. Le curé de Notre-Dame, l'abbé Florimond Roux, avait montré le 31 mai le peu de cas qu'il faisait de lui et de ses pouvoirs souverains. Le curé de Saint-Pierre, l'abbé Nicolas de la Mousse, était tout autant que son bouillant collègue, hostile au gouvernement impérial, bien qu'il n'eut pas à se plaindre de lui.

Le 25 juin 1815, entre onze heures et midi, il se forma un énorme rassemblement tumultueux et même séditieux, devant l'église Saint-Pierre, à propos de la cérémonie religieuse qui venait d'y être célébrée. A un signal convenu, la foule se précipita avec fureur sur les dépendances du ci-devant monastère des Carmes où l'abbé Nicolas de la Mousse avait établi un petit séminaire à l'usage des jeunes gens qui se destinaient au sacerdoce. Dès que les élèves eurent aperçu cette foule de furieux, armés la plupart de bâtons, ils prirent précipitamment la fuite, sautèrent les uns par les fenêtres, passèrent les autres par la porte et allèrent se réfugier, en criant, dans le jardin de l'établissement. L'un d'eux, en courant, fut arrêté, frappé, et pris au collet par Pierre Bouchard, aliàs Bizet, couvreur à paille, demeurant à Moulins, qui lui dit : « il est bien temps que je te tienne ». Cet élève, qui se nommait Jean-Baptiste-Victor Bayon répondit : « Que me voulez-vous ? ». « De l'argent ! » répliqua d'un ton menaçant l'agresseur. « Je n'en ai pas », s'écria la victime, je n'ai que ma montre ». « Donne-la moi », riposta Bouchard. Le jeune séminariste la sortit alors de son gousset et à peine était-elle dans sa main, que le furieux la lui arracha avec vivacité et s'enfuit à toutes jambes pour rejoindre la foule des émeutiers, qui était en train de renverser les tables et les chaises et de poursuivre de coups et d'invectives les élèves qui leur opposaient quelque résistance.

La justice ayant eu connaissance de ce soulèvement, ordonna une information. Elle fut longue et minutieuse. Après six mois de recherches, le ministère public ne voulut y voir là, par ordre assurément, qu'une atteinte à la propriété d'autrui et à la liberté individuelle avec menaces et violence, justiciable de la police correctionnelle, tandis que s'il eût conclu à une émeute, la cause eut été déférée à la cour d'assises, ce qu'il fallait éviter à tout prix, de crainte d'un acquittement général, dont n'auraient pas manqué de profiter les adversaires de la seconde Restauration.

Pierre Bouchard, dit Bizet, fut donc inculpé, seul, pour vol d'une montre au préjudice de Jean Baptiste-Victor Bayon. Cette affaire fut plaidée et jugée le 2 janvier 1816 par le tribunal de première instance de Moulins, présidé par Merlin avec J.-B. Dufloquet, Fréminville et Mizon, comme assesseurs.

L'accusé se défendit avec beaucoup d'habileté. Lorsque le défilé des témoins à charge fut terminé, il demanda qu'on en citât d'autres connaissant mieux que les précédents, ce qui s'était passé dans les dépendances du monastère des Carmes, le

25 juin 1815. Le président Merlin s'y opposa et le tribunal tout entier se rangea à son avis, estimant que le prévenu en formulant cette requête, n'avait d'autre but que « d'inculper les témoins les plus importants de l'affaire », afin d'écarter sa propre responsabilité. Le substitut demanda trois ans de prison pour Pierre Bouchard, les juges se montrèrent généreux à l'égard du ministère public, ils lui en accordèrent cinq en y joignant l'interdiction des droits civiques durant le même laps de temps.

A la fin des Cent-Jours, il y eut encore du désordre dans l'Allier, mais cette fois-là, ce fut à l'extrémité du département. A Liernolles, on n'attendit pas que Louis XVIII fut remonté sur le trône, pour insulter le drapeau tricolore, lui substituer le drapeau blanc et crier : « A bas l'Empereur ! ». François-Marie Crouzier, des Pourrats, avait invité à déjeuner, chez lui, le 28 juin 1815, une douzaine de jeunes gens de bonnes manières, notoirement connus par leur exaltation royaliste. Ils se nommaient Hubert Morgat ; Claude Crouzier, de la Vernette et son fils ; Merle, de Beaulon ; Meilheurat des Virots, de Saint-Léon ; de Chargères ; Feignoux ; Quatresols, du Donjon et les trois fils Crouzier, de Montcombroux. Aucun d'eux ne déclina cette invitation et tous arrivèrent armés, à neuf heures du matin. On se mit aussitôt à table et les événements du jour firent seuls les frais de la conversation, pendant toute la durée du festin. On but à la santé du Roi, on entonna des couplets en son honneur, on applaudit à son retour prochain, on ouvrit ensuite les fenêtres et on cria : « A bas l'Empereur ! » à gorge déployée. Les vins les plus généreux, les liqueurs les plus capiteuses, versés à profusion, communiquaient à ces joyeux convives un entrain et une animation qui furent remarqués par les passants ahuris, si peu accoutumés à des manifestations de ce genre.

Après de copieuses libations, tous ces jeunes gens sortirent de la salle à manger de François Crouzier, des Pourrats, vers midi, le fusil sur l'épaule, le pistolet à la ceinture, des plumes et des cocardes blanches aux chapeaux. Ils se dirigèrent sur deux rangs vers la demeure du maire provisoire Cury, pour lui intimer l'ordre de retirer le drapeau tricolore de l'église et de le remplacer par le drapeau blanc. Mais, ce fonctionnaire était absent et sa domestique ignorait l'heure à laquelle il rentrerait. Sans attendre son retour, les factieux allèrent se grouper sur la place de l'église et abattirent à coups de fusil le drapeau tricolore qui flottait en haut du clocher. Quand il fut à terre, ils s'emparèrent de ses lambeaux et de la hampe, allèrent chercher de la paille, y mirent le feu, dansèrent autour de cet autodafé en vociférant à qui mieux mieux : « Vive le Roi ! ». Afin de compléter leur œuvre de destruction, ils décidèrent de planter à la place du drapeau tricolore, un drapeau blanc, dont l'étoffe serait assez large et la hampe assez élevée pour qu'il fut aperçu de loin. « Qu'à cela ne tienne », dit leur amphytrion, et il courut chez lui, rapporta une nappe blanche, à ses initiales P. C. que l'on cloua à une perche de dix pieds de long. Un des frères Crouzier, sans doute le plus habile de la bande, alla ensuite hisser cet oriflamme de fortune au sommet du clocher.

Après cette équipée sans gloire, chacun rega-

gna son domicile dans son costume théâtral, sans
que les habitants de Liernolles, qui avaient été
témoins de cette scène, osassent élever la voix
tant ils avaient été frappés de stupeur par l'attitude agressive et les propos menaçânts de ces
jeunes perturbateurs de l'ordre public. Les uns se
cachèrent dans leurs maisons et fermèrent soi-
gneusement leurs portes ; d'autres coururent à
toutes jambes prévenir la gendarmerie qui faisait
une patrouille sur le territoire de Montcombroux.
Ils l'instruisirent des scènes qui venaient de se
passer à Liernolles et l'invitèrent à y mettre fin.
Le maréchal des logis Desobrines et les deux gendarmes Sade et Petit, qui se trouvaient avec lui,
se dirigèrent aussitôt vers cette localité ; mais
quand ils y arrivèrent, tout était calme. Ils enle-
vèrent du clocher la nappe de François-Marie
Crouzier et l'emportèrent au Donjon comme pièce
à conviction. En même temps, ils ouvrirent une
enquête et rédigèrent un rapport détaillé qu'ils
adressèrent sur le champ au sous-préfet de Lapalisse, Cossonnier.

Le 29 juin 1815, le lendemain même de cette
émeute, ce vigilant administrateur mandait près
de lui, le lieutenant de gendarmerie et lui ordonnait de rassembler toutes les brigades de l'arrondissement et de se transporter à Liernolles avec
vingt-cinq hommes de la garde nationale de Lapalisse pour rechercher et arrêter les jeunes gens
qui avaient arboré un emblème séditieux. Et, il
lui recommanda, en outre, dans le cas où les agitateurs seraient en fuite, de tenir garnison chez
leurs parents. Ces instructions sévères restèrent
lettres mortes, à cause de l'occupation de la Capi-

tale par les Alliés et du changement prochain de
régime (1).

Pendant les Cent-Jours, Le Donjon était un
foyer d'agitations. Les royalistes y dominaient et
les patriotes en petit nombre y subissaient leur
tyrannie. Tant que le gouvernement impérial tint
dans la main les rênes du pouvoir, ses adversaires se contentèrent de lui faire de l'opposition,
mais dès qu'il fut tombé, ils se livrèrent à des
manifestations hostiles, inconvenantes et qui auraient pu devenir dramatiques, sans l'attitude
énergique des autorités civiles et militaires. Le
drapeau tricolore y était méconnu comme emblème national, seul le drapeau blanc flottait sur
les édifices publics et à l'extérieur des châteaux.
A l'église paroissiale, il y avait partout des fleurs
de lys, sur la chaire et jusque sur le maître-autel
des inscriptions séditieuses que le sous-préfet de
l'arrondissement de Lapalisse Cossonnier ne put
faire enlever malgré son arrêté du 2 juin 1815.

Le jour même où Louis XVIII rentrait à Paris
à la suite des Alliés, on fêta au Donjon son entrée
aux Tuileries, par une manifestation armée qui
laissa dans les contrées environnantes un pénible
souvenir et aurait pu amener les plus graves conséquences, sans les mesures prises par l'administration sous-préfectorale. Le 8 juillet, à six heures
du soir, une foule énorme d'insoumis, de fuyards
et de déserteurs de la garde nationale mobilisée,
à laquelle s'étaient mêlés plusieurs habitants des
communes environnantes, firent irruption soudai-

-----

(1) Voir la *Terreur blanche* du même auteur, pages
7, 8, 9 et 10. Moulins, Fernand Brosset, éditeur, rue
d'Allier, 56, 1919,

nement dans les rues silencieuses de la ville. En
tête de cette multitude bruyante marchaient fièrement Félix et Hippolyte Méplain. Tous portaient
le costume militaire et la cocarde blanche au chapeau ; tous étaient armés de fusils. Ces séditieux
poussaient à gorge déployée le cri de : Vive le
Roi, et menaçaient les rares passants qui les re-
gardaient défiler avec autant d'appréhension que
de curiosité.

A l'aspect de cette tourbe qui faisait un tapage
énorme sur la voie publique, on alla prévenir la
gendarmerie. Le brigadier se rendit aussitôt sur
les lieux et ne put constater que la gravité de ce
mouvement populaire et reconnaître son impuis-
sance à le maîtriser, car il avait peu d'hommes
disponibles à la caserne. Craignant qu'à la faveur
de la nuit, cette masse de gens mal intentionnés
ne se livrât à des violences contre les personnes,
et à des atteintes contre la propriété d'autrui, le
brigadier envoya par un gendarme la lettre pleine
d'anxiété qui suit au sous-préfet de Lapalisse,
Cossonnier : « J'ai l'honneur de vous informer
qu'aujourd'hui, à six heures du soir, presque tous
nos fuyards de la garde nationale, d'autres déserteurs et plusieurs habitants du Donjon, se sont
présentés en armes et particulièrement Félix et
Hippolyte Méplain ; ils se sont rassemblés en uniforme avec cocarde blanche et couraient dans les
rues. Tout le peuple est en révolution. Nous sommes à cheval ; je crains pour cette nuit, c'est
vous en dire assez, faites passer cette lettre à
M. le lieutenant.

« Renvoyez nous de suite notre gendarme et de
la force armée, si vous en avez. Il est impossible
de vous dire le bruit qu'il y a ».

Le porteur de cette note alarmante arriva à la sous-préfecture entre onze heures et demie et minuit. Cossonnier était au lit. Dès qu'il l'eut parcourue, il se leva et envoya chercher le lieutenant de gendarmerie qui arriva aussitôt à moitié habillé. Il prit connaissance à son tour de la lettre désespérée du brigadier de la gendarmerie du Donjon. A la demande qui lui était adressée d'envoyer de la force armée, il ne put que répondre qu'ayant à la caserne deux gendarmes seulement, il ne pouvait s'en dessaisir ; que du reste leur envoi au Donjon, en présence d'un mouvement aussi impétueux, serait tout à fait insuffisant pour rétablir l'ordre. Ce qui était parfaitement exact.

Fort heureusement, il y avait à ce moment-là, de passage à Lapalisse, le 10ᵉ régiment de chasseurs à cheval qui regagnait son dépôt à Moulins. Sans perdre un instant, le sous-préfet courut chez le commandant, lui dépeignit la situation périlleuse dans laquelle se trouvait une commune de son arrondissement et l'invita à mettre à sa disposition cinquante de ses hommes afin d'y rétablir l'ordre.

Après quelques instants de réflexion, le commandant qui, sans doute, n'avait guère de sympathie pour les royalistes et les déserteurs de la garde nationale mobilisée, accueillit favorablement sa demande et dirigea, dès le jour même, sur le Donjon deux pelotons de son régiment sous le commandement d'un officier.

Lorsque les perturbateurs apprirent l'arrivée prochaine de cette force armée, ils se dispersèrent en toute hâte. Aussi, quand le détachement de chasseurs fit son entrée dans la ville, il fut tout étonné de voir que la tranquillité y était complètement rétablie. Il ne restait plus que quelques retardataires dans les cabarets, lesquels se retirèrent sans murmurer sur les ordres de la gendarmerie dont le lieutenant, qui était venu sur les lieux avec la troupe, avait pris le commandement et dirigeait les opérations.

Les journées des 9 et 10 juillet s'étant passées sans tumulte, le maire du Donjon pria le sous-préfet de Lapalisse, d'en faire retirer les chasseurs qu'il y avait envoyés, « prenant l'engagement de maintenir la tranquillité publique ». Cossonnier se rendit immédiatement à son désir, et le 12 le détachement partait pour Moulins avec deux jours de vivres.

Cette manifestation séditieuse était évidemment préméditée et devait se produire le jour même où Louis XVIII remonterait sur le trône. Etant donné l'état d'âme de ce coin du Bourbonnais, il était tout naturel que les royalistes qui y résidaient fêtâssent son retour, mais autrement que par une démonstration armée. Cette cohue d'insoumis, de fuyards et de déserteurs sous la conduite d'Alfred et Hippolyte Méplain, braillant dans les rues du Donjon le 8 juillet 1815, était une honte pour les promoteurs de ce rassemblement et une insulte aux vaincus de Waterloo et ces vaincus étaient des soldats français qui avaient fait bravement leur devoir en face de l'ennemi.

La grande période révolutionnaire était terminée. Le Gouvernement des Cent-Jours était dispersé par la force ennemie ; Napoléon devait s'embarquer prochainement pour l'île de Sainte-Hélène, le ministre de l'intérieur Carnot prenait le chemin de l'exil, la liste des victimes expiatoires était prête. Républicains et impérialistes du Bour-

bonnais n'avaient plus alors qu'à veiller à leur
propre sécurité et à défendre leurs intérêts les
plus chers contre les rigueurs de l'administration
et les sévérités implacables de la justice royale.
Nobles et prêtres, congrégations d'hommes et de
femmes accouraient en toute hâte à la curée et
venaient planter leurs tentes sur les cendres encore chaudes des patriotes et dicter leurs lois aux
victimes.

APPENDICE

COLLÉGE ÉLECTORAL DU DÉPARTEMENT DE L'ALLIER

SESSION DE 1815

*Liste des votants pour la nomination de deux
députés à la Chambre des Représentants*

1. Petit René-Germain, juge de paix, Chantelle.
2. Petit René-Germain, receveur, Gannat.
3. Boirot Charles-Lacombe, propriétaire, Gannat.
4. Boirot jeune, propriétaire, Gannat.
5. Boirot Antoine, propriétaire, Veauce.
6. Fanget Antoine, maire, Ebreuil.
7. Ballet, propriétaire, Ebreuil.
8. Papon Beaurepaire, Vicq.
9. Papon Derioux, ancien avocat, Vicq.
10. Delaplanche, propriétaire, Bellenaves.
11. Cavy, propriétaire, Escurolles.
12. Des Palissards, propriétaire, Broût.
13. Givois François, propriétaire, Vesse.
14. Bergeon, propriétaire, Saint-Didier.
15. Boisrot de Lacour, président de l'arrondisse-
    ment de Gannat, Jenzat.
16. Raffier, juge, Moulins.
17. Dumas-Primbaud, propriétaire, Cérilly.
18. Defavières, juge de paix, résidant à Givar-
    lais.
19. Deschamps, maire, Givarlais.
20. Petit Gilbert, maire, Hérisson.
21. Meillet André, juge de paix, Huriel.

22. Le baron de Lavarenne, maire, Sauvagny.
23. Cornereau, médecin, Montluçon.
24. Duchet, avocat, Montluçon.
25. Joly père, propriétaire, Montmarault.
26. Boucaumont, maire, Montmarault.
27. Joly fils, propriétaire, Montmarault.
28. Michelon G.-F., propriétaire, Montmarault.
29. Michelon M.-G.-F., propriétaire, Montmarault.
30. De Colasson, maire, Beaune.
31. Heulhard Gilbert, Bourbon-l'Archambault.
32. Débordes, propriétaire, Bourbon-l'Archambault.
33. De Saint-Hilaire, propriétaire, Bourbon-l'Archambault.
34. Gueston, propriétaire, Saint-Hilaire.
35. Etienne Douyet, conseiller général, Le Veurdre.
36. Destutt de Tracy (V.), propriétaire, Paray-le-Frésil.
37. Devaulx François, propriétaire, Monétay-sur-Loire.
38. Reigneaud, propriétaire, Monétay-sur-Loire.
39. Pellé-Pesselière, propriétaire, Saligny.
40. Ducléroir, maire, Pierrefitte.
41. Perrin, maire, Dompierre.
42. Alaroze de la Charme, maître de forges, Le Veurdre.
43. Jarsaillon, propriétaire, Rocles.
44. Collot, propriétaire, Rocles.
45. Pinturel, propriétaire, Rocles.
46. Delarue, notaire, Moulins.
47. Burelle, conseiller de préfecture, Moulins.
48. Vilhardin de Marcellange, propriétaire, Moulins.

49. Giraudet de Boudemange fils, juge au tribunal, Moulins.
50. Crosse, contrôleur des Contributions directes, Souvigny.
51. Desvignet, avoué, en résidence à Bresnay.
52. Bulot, juge de paix, Cusset.
53. Garand, suppléant au juge de paix, Cusset.
54. Galien, 1er suppléant du juge de paix, Cusset.
55. Noailly, propriétaire, Avrilly.
56. Beauchamp, maire, Saint-Léon.
57. Gémois, propriétaire, Moulins.
58. Dulignier aîné, propriétaire, Trezelle.
59. Hastier de la Jolivette, propriétaire, Cindré.
60. Brunet Latour, propriétaire, Mayet-de-Montagne.
61. Faure, propriétaire, Mayet-de-Montagne.
62. Mure, notaire, Ferrières.
63. Ruet, propriétaire, Mayet-de-Montagne.
64. Martinet, propriétaire, La Chapelle.
65. Bouquet, maire, Cusset.
66. L.-P. Fréminville, juge, Lapalisse.
67. Cossonnier Jean-Marie, sous-préfet, Lapalisse.
68. Jaladon, receveur particulier, Lapalisse.
69. Bardonnet Villefort, maire, Arfeuilles.
70. Maillant Duchambet, maire, Droiturier.
71. Fouet, propriétaire, Gannat.
72. Galien, adjoint, Saint-Gérand-le-Puy.
73. P.-A. Meilheurat, propriétaire, Saint-Gérand-le-Puy.
74. De Beauvais, chef de bataillon, Gannat.
75. Minat Henri, propriétaire, Ussel.
76. Berthomier, propriétaire, Cérilly.
77. Rambourg, propriétaire, St-Bonnet-le-Désert.
78. Dufour, contrôleur des contributions, Hérisson.

79. Duverdier, adjoint, Bizeneuille.
80. Pierre de Labrosse, maire, Villebret.
81. Vilatte de Peufeilhoux, administrateur de l'hospice, Néris.
82. Marly, maire, Moulins.
83. Tortel, propriétaire, Franchesse.

Arrêté le 11 mai 1815 par les membres du Collège électoral de département, ci-dessous :

J.-G. Berthomier, Defavières, Fanget, Joly, Burelle, V. Destutt de Tracy.

COLLÈGE ÉLECTORAL DE L'ARRONDISSEMENT DE MOULINS

Feuille d'inscription des votants pour la nomination d'un député à la Chambre des Représentants

---

1. Calemard Claude, juge de paix, Bourbon-l'Archambault.
2. Baravaud Pierre, propriétaire et fermier, Bourbon-l'Archambault.
3. Petitjean-Buxière, greffier de la justice de paix, Bourbon-l'Archambault.
4. Belon Jean-Louis, propriétaire, Bourbon-l'Archambault.
5. Dumas Gilbert, adjoint, Bourbon-l'Archambault.
6. Mouchet Claude, maire, Saint-Martin-des-Lais.
7. Ruez François, maire et notaire, Chevagnes.
8. Giraud-Mimorin, maire, Lusigny.
9. Durochet Pierre, maire et médecin, Saligny.

10. Durochet Grand Villiers, propriétaire, Saligny.
11. Gay-Lameignance Pierre, maire, Molinet.
12. Buffenoir Guillaume, propriétaire, Coulanges.
13. Duchassin Basile, notaire, Pierrefitte.
14. Dupoux Charles, maire et propriétaire, Lurcy-le-Sauvage.
15. Resmond Pierre-Gabriel, ex-notaire, Le Veurdre.
16. Morand Gilbert, notaire, Lurcy-le-Sauvage.
17. Jarsaillon Hippolyte, percepteur, Rocles.
18. Prugnol Antoine, notaire, Cressanges.
19. Bigot-Longeville, propriétaire, Deux-Chaises.
20. Coupery, notaire et maire, Montet-aux-Moines.
21. Thonier Joseph, propriétaire, Rocles.
22. Thonier Etienne-Auguste, maire, Saint-Sornin.
23. Jutier Antoine, procureur impérial, Moulins.
24. Boirot-l'Etang Claude, greffier au tribunal de commerce, Moulins.
25. Merlin François-Bernard, ex-président du tribual civil, Moulins.
26. Bujon aîné, juge de paix, Moulins.
27. Bougarel fils, François-Antoine, notaire, Moulins.
28. Parchot-Dumarais Gabriel, juge de paix, Laferté-Hauterive.
29. Renaud-Fréminville, propriétaire, Moulins.
30. Coinchon Pierre, ingénieur, Nevers.
31. Ossavy Germain, avoué, Moulins.
32. Bougarel Joseph-Antoine, ex-notaire, propriétaire, Moulins.
33. Michaud-Desprez, propriétaire, Noyant.

34. Coste Barthélemy, président du tribunal de commerce, Moulins.
35. Charles Louis, juge au tribunal civil, Moulins.
36. Saulnier des Merles fils, propriétaire, Neuilly.
37. Bellavoine Jean-Claude, propriétaire, Saint-Voir.
38. Barreau Charles-Ambroise, inspecteur d'enregistrement, Souvigny.
39. Dantin Jean-Grégoire, légionnaire, Aurouer.
40. Béquas Claude, légionnaire, Moulins.
41. Roux Jacques, légionnaire, Moulins.
42. Calame Frédéric, légionnaire, Moulins.
43. Simonin Antoine, légionnaire, Moulins.
44. Perret Pierre, légionnaire, Moulins.
45. Pouillien Jean, légionnaire, Moulins.
46. Touchevier Jean, légionnaire, Moulins.
47. De la Chaise Antoine, receveur d'enregistrement, Moulins.
48. Galle Jean-Baptiste, propriétaire et légionnaire, Chemilly.

Les membres du bureau : Charles, Coste, Bougarel fils, Jutier, Bougarel père, Ossavy, président, le 11 mai 1815.

DÉSIGNATION DES ÉLECTEURS

qui sont venus déposer leurs bulletins au Collège
électoral de Montluçon
pour la nomination du député (3ᵉ scrutin)

1. Bujon Jean-Baptiste, maire et notaire, Ainay-le-Château.

2. Duchier J.-Alexis, receveur d'enregistrement, Cérilly.
3. Artigaud François, chef de bataillon en activité, Montluçon.
4. Thibault-Laguérenne, propriétaire, Cérilly.
5. Berthomier-Chéron, percepteur et propriétaire, Cérilly.
6. Nicolas Etienne, propriétaire et adjoint, Hérisson.
7. Fauvre J.-Baptiste, maire et notaire, Cosne.
8. Delannoy Nicolas, greffier, Hérisson.
9. E.-L. Joudioux, maire, Tortezais.
10. Maugenest Antoine, maire, Nassigny.
11. Perceau Claude, capitaine retiré, Louroux-Bourbonnais.
12. Joudioux Claude-Marc, propriétaire, Hérisson.
13. Aucapitaine Pierre-Louis, maire, Bizeneuille.
14. Notaris Antoine-Joseph, maire, Reugny.
15. Millet Jean-Baptiste, greffier de paix, Murat.
16. Dechault Pierre, propriétaire, La Chapelaude.
17. Demenitroux, notaire, Saint-Sauvier.
18. Alix Claude-François, maire et notaire, Huriel.
19. Bourgoing Jean, receveur d'enregistrement. Huriel.
20. Guérin Dessomiras, propriétaire, Huriel.
21. Legroing Vincent, maire, Saint-Sauvier.
22. Labouesse J.-Baptiste, notaire et maire, La Marche.
23. Bournet Etienne, maire, Ronnet.
24. Labarre André, propriétaire, Durdat.
25. Labarre André, maire, Arpheuil.
26. Roudier Augustin, adjoint, Villebret.
27. Contamine Pierre, maire, Saint-Genest.

28. Gomot, maire, Mazirat.
29. Laval Antoine, propriétaire, Teillet.
30. Vilatte-Coûtinet, propriétaire, Montluçon.
31. Momet Georges, juge de paix, Marcillat.
32. Mage Pierre, maire, Saint-Priest
33. Duprat Charles, juge de paix, Montluçon.
34. Fourneau de Crebert, 1er suppléant de la justice de paix, Montluçon.
35. Meusnier François, Montluçon.
36. Pradon François, ancien receveur, Montluçon.
37. Baduel François, propriétaire, Montluçon.
38. Lespinard François, notaire, Montluçon.
39. François-Martin Dupuylatat-Besse, avocat et avoué, Montluçon.
40. Soulier Laurent, ex-notaire, Néris.
41. Bourel Jacques, notaire, Montluçon.
42. Guérin Jacques, notaire, Huriel.
43 Malley Dayat, maire, Saint-Priest-en-Murat.
44. Laporte Maurice, propriétaire, Chavenon.
45. Lebel Charles, maire, Doyet.
46. Jomard J.-Baptiste, propriétaire, Chavenon.
47. Mourlon Michel, officier légionnaire, Montluçon.
48. Leroux Charles-François, capitaine, Montluçon.
49. Bertholet Jacques, notaire, Beaune.
50. Fournier Aimé-Raymond, receveur particulier, Montluçon.
51. Grozieux Laguerenne François-Augustin, greffier du tribunal civil, Montluçon.
52. Debloux Marien, capitaine, Montluçon.
53. Duchet, adjoint, Montluçon.
54. Hennequin Grégoire-Alexandre, notaire, Montmarault.

55. Camus Jean-Baptiste, notaire impérial, Montmarault.
56. Malley-Gouttemorte Jean-Antoine, capitaine de garde nationale, Montmarault.
57. Daubertès Joseph, propriétaire, Montluçon.

Les membres du bureau soussignés : A. Fournier, secrétaire ; Lespinard aîné, Meusnier-Desgouttes, Alix, scrutateurs ; Duprat, président .

FEUILLE D'INSCRIPTION
*des votants du Corps électoral de l'arrondissement
de Gannat
pour la nomination d'un député*

1. Cantat J.-Baptiste, légionnaire, Vozelle.
2. Michaud-Grandville, propriétaire, Chirat-l'Eglise:.
3. Guillaumet Marc-Antoine, notaire, Chantelle.
4. Rabusson-Devaure, propriétaire, Gannat.
5. Leblanc Jean-Gilbert, maire, Salles.
6. Desfretière Léonard, propriétaire, Chirat-l'Eglise.
7. Droitcau Nicolas, propriétaire, Saint-Pourçain.
8. Delesvaux Philibert, notaire, Charroux.
9. Lartaud J.-Baptiste, propriétaire, Chantelle.
10. Desseigne J.-Baptiste, maire, Deneuille.
11. Esmelin Claude, propriétaire, Bellenaves.
12. Bassin Gilbert, avoué, Gannat.
13. Morand Annet, notaire, Broût.
14. Parthon Nicolas, notaire, Charroux.
15. Desrolines-Duffé J.-B., officier retraité, Saint-Pourçain.

16. Meilheurat Claude, propriétaire, Senat.
17. Brunet Simon, maire, Naves.
18. Chevalier Claude, propriétaire, conseiller municipal, Saint-Pourçain.
19. Pitat Claude, chirurgien, Ebreuil.
20. Bonneton Antoine, propriétaire, Bellenaves.
21. Coinchon Joseph, médecin, Saint-Pourçain.
22. Bathiat, chirurgien, Saint-Bonnet-Bellenaves.
23. Jouhet Gilbert, maire, Echassières.
24. Thonier François-Alexis, propriétaire, Charroux.
25. Barathon Etienne, propriétaire, Voussac.
26. D'Harpeux J.-Baptiste, juge de paix, Saint-Pourçain.
27. Raynard Claude, propriétaire, Chareil.
28. Tavernier Saturnin, enregistreur, Gannat.
29. Audibert Claude, percepteur à vie, Saint-Pourçain.
30. Challeton Antoine, notaire, Brugheas.
31. Gardien Claude, maire, Voussac.
32. Poële-Desgranges, maire, Saint-Cyprien.
33. Purelle-Sarre, propriétaire, Cognat.
34. Montpansin-Delacodre, propriétaire, Saint-Pourçain.
35. Ponthenier J.-Baptiste, chirurgien, Bellenaves.
36. Morio Antoine, propriétaire, Chantelle.
37. Lecamus Gilbert, propriétaire, Bellenaves.
38. Bourioux François, commis-greffier, Gannat.
39. Trochereau Jacques, propriétaire, Saulcet.
40. Givois François, avocat, Vesse.
41. Sarrot Pourçain, propriétaire, Saint-Pourçain.
42. Mauzat Pierre, jurisconsulte, Gannat.
43. Givois Jacques, propriétaire, Brugheas.

44. Margotat Pierre, notaire, Vendat.
45. Purelle Pierre de Rillat, propriétaire, Cognat.
46. Bègues François, légionnaire, Gannat.
47. Marchand Sébastien, adjoint, Brugheas.
48. Roux Claude, notaire, Gannat.
49. Esmelin J.-Baptiste, notaire, Bellenaves.
50. Bonamour Jean, marchand, Broût.
51. Ganière Jean, propriétaire, Saint-Pourçain.
52. Rougane Joseph, maire, Vesse.
53. Renaudet J.-Baptiste, maire, Branssat.
54. Rozier Mathieu, notaire, Ebreuil.
55. Armet Jean, procureur impérial, Gannat.
56. Cornil Claude-François, notaire, Vendat.
57. Chocheprat du Mouchet Denis-Jean-François, juge, Gannat.
58. Roux Claude, jeune, greffier, Gannat.
59. Rabusson François, maire, Poëzat.
60. Juge Charles, juge de paix, Ebreuil.
61. Delarue-Villard Louis, maire, Vicq.
62. Bourdichon Antoine, huissier, Escurolles.
63. Lesbre Pierre, notaire, Ebreuil.

La présente liste est signée par : Rougane, scrutateur ; Lesbre, Rozier ; Morio, président ; Renaudet, scrutateur.

ARRONDISSEMENT DE LAPALISSE

Noms des votants pour la nomination d'un suppléant
à la Chambre des Représentants

1. Petit, propriétaire, Chavroche.
2. Delageneste, percepteur, Chavroche.
3. Reignier François, notaire, Ferrières.

4. Magnaud Martin, huissier, Ferrières.
5. Lépine, percepteur, Mayet-de-Montagne.
6. Thévenet, propriétaire, Saint-Clément.
7. Fougerolles Claude, juge de paix, Ferrières.
8. Laplace Jean, propriétaire, Mayet.
9. Gonnard Jacques, percepteur, Ferrières.
10. Pénin, secrétaire de la sous-préfecture, Lapalisse.
11. Derennes, avoué, Cusset.
12. Guyot Gilbert, propriétaire et maire, Lapalisse.
13. Pénin Gilbert, percepteur, Lapalisse.
14. Bezard, chirurgien, Lapalisse.
15. Boyron-Rozier, avoué, Cusset.
16. Delaire Pierre, avocat, Boucé.
17. Basset J.-Baptiste, caissier, Lapalisse.
18. Emonnot, directeur des postes, Lapalisse.
19. Maguet, greffier, Cusset.
20. Dessert, propriétaire, Andelaroche.
21. Belin, avoué, Cusset.
22. Sulliet Antoine, propriétaire, Lapalisse.
23. Reignier-Trayon, suppléant du juge de paix, Droiturier.
24. Féjard, propriétaire et adjoint, Montaigut-le-Blin.
25. Moulin Jean, percepteur, Saint-Gérand-le-Puy.
26. Mandor, maire, Saint-Gérand-le-Puy.
27. Fournier Gilbert, maire, Ciernat.
28. Devaulx Constantin, propriétaire, Saint-Gérand-le-Puy.
29. Galien Joseph, propriétaire, Servilly.
30. Martin Desboudets, propriétaire, Saint-Gérand-le-Puy.
31. Moulin, propriétaire, Saint-Gérand-le-Puy.

32. Valleton Louis-Sébastien, vérificateur des domaines, Moulins.
33. Bourdier Claude, juge de paix, Chavroche.
34. Gontier, maire, Busset.
35. Artaud-Monfeu, docteur-médecin, Varennes-sur-Allier.
36. Georgeon, propriétaire, Cusset.
37. Arloing, juge, Cusset.
38. Forissier, propriétaire, Cusset.
39. Moulin Alexis, procureur impérial, Cusset.
40. Bourachot aîné, propriétaire, Le Donjon.
41. Edmond Bourachot, propriétaire, Le Donjon.
42. Charles François, légionnaire, Montaiguët.
43. Desbrest, colonel, Cusset.
44. Arloing, notaire, Cusset.
45. Desgarniers Drigeard Antoine, maire, Le Mayet-de-Montagne.
46. Devaulx de Chambord, propriétaire, Cindré.
47. Meilheurat, propriétaire, Saint-Léon.
48. Meilheurat des Virots, rentier, Montpéroux.

Liste close et arrêtée à Lapalisse le 11 mai 1815.

Moulin, Pénin Antoine, Reignier-Trayon, Boyron-Rozier, Bourachot aîné, Edmond Bourachot.

FIN

TABLE DES MATIÈRES